MALAIKA WA AZANIA
BORN FREE MEIN LEBEN
IM SÜDAFRIKA
NACH DER APARTHEID

MALAIKA WA AZANIA
BORN FREE MEIN LEBEN IM SÜDAFRIKA NACH DER APARTHEID

Aus dem Englischen von Antje Papenburg

Vorwort von Simphiwe Dana

Rotpunktverlag.

Die Originalausgabe erschien 2014 unter dem Titel
Memoirs of a Born Free. Reflections on the Rainbow Nation
bei Jacana Media, Johannesburg.

Die vorliegende deutschsprachige Ausgabe erscheint
mit Genehmigung von Seven Stories Press, New York.

© 2014 Malaika Wa Azania
© 2016 Rotpunktverlag, Zürich (für die deutschsprachige Ausgabe)
www.rotpunktverlag.ch

Umschlagfoto: Keystone, Gallery Stock, Jens Goerlich
Umschlag und Satz: Sylvie Dardel
Druck und Bindung: CPI – Clausen & Bosse, Leck

ISBN 978-3-85869-687-8

1. Auflage 2016

Inhalt

11 *Vorwort*

15 **EINS BORN FREE? WIE ICH NACH DEM ENDE DER APARTHEID IN DER REGENBOGENNATION AUFWUCHS**

Ein Brief an den ANC

Der Anfang

In Freiheit geboren

Bildung in der Township

Nur die Guten sterben früh

Die Letztgeborene der Revolution

Das hässliche Gesicht der »Regenbogennation«

Flucht in die Welt der Bücher

Weiß werden will ich nicht

Meine erste Berührung mit der Zivilgesellschaft

Abkehr von der ANC-Bewegung

Die Kraft, die wir aus dem erniedrigenden Umstand der Armut schöpften

Eure Demokratie ist nur ein leeres Wort, wenn sogar medizinische Versorgung eine Ware ist

In tausend Teile zerbrochen

121 ZWEI **EIN ENTFACHTES FEUER: AUF DER SUCHE NACH EINEM POLITISCHEN ZUHAUSE**

Wie mich die Stellenbosch-Universität veränderte

Meine Erfahrungen mit der Black-Consciousness-Bewegung

Julius Malemas Einfluss

Einen Platz für den Panafrikanismus erstreiten

Malaika, Economic Freedom Fighter

181 EPILOG **DER STIMMZETTEL, DIE STIMME DES VOLKES**

187 *Glossar*

191 *Dank*

*Ich widme dieses Buch Mwalimu und Lalibela,
dem Sohn, den ich eines Tages zur Welt bringen
werde, und meiner Nichte, in deren Augen
ich die Möglichkeit eines freien Azania sehe ...*

Vorwort

Malaika hat mich auf eine Reise durch ihr Leben mitgenommen, und dabei habe ich meine eigenen Kämpfe und Auseinandersetzungen wiedererkannt – natürlich nicht in genau derselben Form, aber ähnlich. Ich hatte schon öfter das Vergnügen, mit Malaika über wichtige Aspekte der Rassenproblematik in Südafrika zu diskutieren. Ich habe noch nie eine so brillante junge Frau getroffen. Ich habe gesehen, wie sehr es sie frustriert hat, dass die Vision eines wahrhaftig freien Südafrika immer unerreichbarer zu werden schien. Ich habe miterlebt, wie sie gegen diejenigen ausgeteilt hat, die – hätten sie wirklich Südafrika und nicht nur ihr eigenes Interesse im Auge gehabt – Malaikas revolutionären Geist hätten fördern und eine wahre Hoffnungsträgerin in ihr hätten sehen sollen, statt sie für ihre eigenen Zwecke zu instrumentalisieren. Ich habe für sie geweint, als sie, von genau jenen manipuliert, auch gegen mich ausgeteilt hat. Manchmal wünschte ich mir, wir wären beide in den Siebzigern geboren worden, als dem Aufruf zur Veränderung mit Taten gefolgt wurde.

Lange Zeit haben wir Schwarze versucht, uns auf den Podien gegenseitig zu übertrumpfen, denn es gab nicht genug Platz dort oben, als dass wir alle hätten sprechen können. Ich fühlte mich immer fehl am Platz inmitten dieses grausamen Spiels, aber so ist das Ego nun mal; und noch schlimmer ist es, wenn das Ego so lange Zeit unterdrückt wurde. Ich habe beobachtet, wie diese Kult- und Ego-Politik, die Malaika beschreibt, sich immer mehr ausgebreitet hat. Ich habe mich immer mehr davon distanziert, bis ich mich schließlich so weit zurückgezogen hatte, dass ich allein war und mich nach politischer Kameradschaft sehnte. Lange Zeit war das Wort Politik für mich etwas Schmutziges. Ich hatte Angst, es würde mich korrumpieren, weil ich miterlebt hatte, was denjenigen passiert war, die sich auf die Politik eingelassen hatten.

Obwohl Malaika ihr Buch mit einem hoffnungsvollen Blick auf die Zukunft beendet, kann ich in ihren Worten keine Hoffnung finden – nur eine einsame junge Frau, die weiß, was es zu tun gilt, die für ihre Ideale in dieser Welt aber keinen Platz findet. »Afrika frisst seine Kinder« – diese Worte gehen mir immer wieder durch den Kopf, während ich ein paar vorsichtige Schritte in Richtung ihrer Gedankenwelt wage, bedacht darauf, nichts zu durcheinanderzubringen, kein Chaos anzurichten. Doch genau das passiert. Ich erinnere mich auf einmal daran, dass ich das Afrika bin, von dem ich rede. Dass ich allein bin, liegt nur an meiner Betrachtungsweise, und wenn ich die Sache aus einem anderen Blickwinkel anschaue, dann sehe ich, wie Afrika ungeduldig auf uns wartet. Ob wir wollen oder nicht, unser Kontinent verlangt von uns, dass wir die Dinge selber in die Hand nehmen. Denn wir sind die Veränderung.

Wenn ich es so betrachte, dann bin ich nicht allein, sondern dann sind wir viele. Und ich verstehe, dass unser Kampf einem Nebel gleicht, in dem wir blind umhertappen. Nichts ist mehr so klar, wie es für die Jugend in den Siebzigern war. Dennoch müssen wir einen Weg hindurch finden und dabei aufpassen, dass wir nicht über unseren eigenen Enthusiasmus stolpern. Von Zeit zu Zeit ist der Nebel so dicht, dass wir nicht mehr vorwärtsstürmen können, sondern auf allen vieren kriechen müssen. Unsere Ungeduld quält uns. Es ist ein langer Weg. Vor einiger Zeit habe ich gelernt, dass man dieses Neuland nur mit Geduld erforschen kann. Und auf diesem unmarkierten Pfad sind mir tatsächlich Gleichgesinnte begegnet. Viele, für die ich früher nur Verachtung übrig hatte, weil sie mir zu langsam, nicht radikal genug waren. In diesem Nebel muss man mit offenen Augen träumen. Man muss offen sein für eine andere, unbekannte Landschaft, und man muss darauf gefasst sein, dass man sich streckenweise blind vorantasten muss.

Wir können aus der Vergangenheit lernen, aber die Lösungen von damals passen nicht mehr zu den heutigen Herausforderungen. Die Spielregeln haben sich geändert, und das bedeutet, dass auch wir uns ändern müssen, wenn wir uns nicht nur für unser Land, sondern für den ganzen Kontinent einsetzen und unseren Platz unter der Sonne finden wollen. Die heutigen Zeiten haben uns Demut gelehrt. Der Feind trägt unser Gesicht, um uns alle zu verwirren. Es ist ein langer Weg. Also komm, meine kleine Schwester, lass uns diesen Weg gehen. Es gibt keinen Grund, sich zu beeilen; denn nur umso schneller wird dir die Luft ausgehen. Teile die Last, die du auf deinen Schultern trägst, mit anderen. Teile deine Ängste – du bist nicht allein. Erst am Ende unseres Lebens werden wir sehen können, dass unsere Mühen und unsere Arbeit jeden Tag Früchte getragen haben. Es ist der Nebel, der uns durcheinanderbringt, der uns dazu verführt, im Kreis zu gehen. Doch Afrika wird jeden Tag ein bisschen freier – dank dir und dank mir. Halte einen Moment inne und denk darüber nach. Und wo du schon dabei bist, sieh dich um und bewundere die Schönheit, die uns umgibt: Die weitläufigen Berge und die grünen Täler, sie gehören uns, und jeden Tag erobern wir ein kleines bisschen mehr davon zurück, und sei es auch nur in der Überzeugung unserer Worte. Wir sind nicht mehr länger Fremde in unserer eigenen Heimat. Und wir werden auch nie wieder Fremde sein. Eines Tages wirst du das sehen, und dann wird sich ein echtes Lächeln auf deinem Gesicht ausbreiten. Begleite mich auf dieser Reise.

Simphiwe Dana

EINS BORN FREE? WIE ICH NACH DEM ENDE DER APARTHEID IN DER REGENBOGENNATION AUFWUCHS

Ein Brief an den ANC

Seit ich ein kleines Mädchen war, aufgewachsen in den staubigen Straßen von Meadowlands, wollte ich einen Brief an den Afrikanischen Nationalkongress, den ANC, schreiben, um ihm für seine Rolle im Befreiungskampf Dank auszusprechen. Aber ich wollte auch gern einige Probleme ansprechen, die mit Dank nichts zu tun haben. Ich wollte dem ANC erzählen, wie das Leben in der Township wirklich ist. Besonders lag mir am Herzen, dem ANC zu beschreiben, wie es sich angefühlt hat, von einer Schule in der Township auf eine der früher so genannten Model-C-Schulen zu wechseln, die während der Apartheid den Weißen vorbehalten waren – und die immer noch Hochburgen der Klassen- und Rassendiskriminierung sind.

Der einzige Grund, warum ich den Brief bisher noch nicht geschrieben habe, war die Wut, die mich jedes Mal überkam, wenn ich versuchte, meine Gedanken auf Papier zu bannen. Diese Wut war destruktiv, und sie raubte mir jegliche Energie. Ich wusste, wenn ich den Brief in einer solchen Gemütsverfassung schreiben würde, dann könnte unmöglich etwas Konstruktives dabei herauskommen. Also wartete ich darauf, dass die Wut abebbte und ich meine Gedanken aufschreiben konnte, ohne unnötig viele gehässige und böse Worte zu verwenden. Und jetzt bin ich endlich bereit, darüber zu reden, wie das wahre Gesicht der Regenbogennation aussieht und was es wirklich mit der sogenannten verlorenen Generation auf sich hat.

Ich habe viele Leute von der »verlorenen Generation« und den »in Freiheit Geborenen« reden hören. Kinder, die in den frühen Neunzigern geboren wurden, gehören zur Generation »Born Free«, der Generation, die nach dem Ende der Apartheid zur Welt gekommen ist. Ein Kind mit Jahrgang 1994 soll demnach in Zeiten der Gleichberechtigung zur Welt gekommen sein, in denen es keine Rassendiskriminierung mehr gibt. Ich wurde 1991 geboren, genau zwei Jahre und sechs Monate bevor in Südafrika die ersten demokratischen Wahlen abgehalten wurden. Als ich auf die Welt kam, waren der ANC und andere politische Organisationen nicht mehr verboten. Politische Gefangene, darunter Nelson Mandela, später der erste demokratisch gewählte Präsident unseres Landes, waren freigelassen worden. Es wurde nicht mehr mit Waffen gekämpft, stattdessen liefen die Verhandlungen über eine neue demokratische Regierungsform. Es war eine Zeit des relativen Friedens nach vielen Jahrzehnten endlosen Krieges und Leides. Und so gehöre ich auch zur Generation »Born Free«, ein problematischer Begriff, erfunden von denen, die verhindern möchten, dass unser Volk sich der wahren Folgen von Kolonialismus und Apartheid bewusst wird.

Viele möchten uns glauben machen, dass das, was 1994 passiert ist, eine Revolution war, doch das ist weit von der Wahrheit entfernt. Das bestehende System hätte vollständig vernichtet werden müssen, damit von einer Revolution überhaupt die Rede hätte sein können. Wirtschaft und Politik einer Gesellschaft, die eine Revolution durchlebt hat, müssten das komplette Gegenteil dessen sein, was die vorherige Herrschaft ausgemacht hat. Aber so etwas ist in Südafrika nicht passiert, wo das gesamte System, das die Apartheidregierung am Leben hielt, immer noch existiert und immer noch unser Land prägt. Dieses System ist der Kapitalismus, ein brutales System, das sich nur halten kann, indem die Mehrheit von einer Elite unterdrückt wird, die im Besitz der Produktionsmittel ist: in erster Linie Land. Es ist ein System, das ein Reservoir an Lohnarbeitern erfordert, die ausgebeutet werden, um einen möglichst hohen Gewinn zu erzielen. Es ist ein System, das einen Wohlfahrtsstaat schafft, damit die Armen immerfort in der Schuld des Staates stehen, der sie ernährt. Es ist ein System, das sich gegen die Armut und gegen die Mehrheit richtet. Und in Südafrika richtet es sich obendrein gegen Schwarze. Was Privilegien und Armut angeht, besteht die Rassentrennung trotz des politischen Umbruchs von 1994 nach wie vor: Erstere sind weiß, und Letztere sind schwarz.

Das Südafrika, das wir heute sehen, ist einfach nur eine andere Version des Südafrika von gestern. Es ist ein Südafrika, in dem Rassismus und Rassendiskriminierung weder mit Gewalt im engsten Wortsinne durchgesetzt werden, noch sind sie Bestandteil unserer Verfassung, wie es während des Apartheidregimes der Fall war. Rassismus und Rassendiskriminierung sind mittlerweile institutionalisiert; sie sind die Fäden in dem Netz, aus dem die südafrikanische Gesellschaft geknüpft ist.

Diejenigen von uns, die das unglückliche »Privileg« genießen durften, eine ehemalige Model-C-Schule *nach* der Rassenintegration zu besuchen, haben selber erlebt, was institutionalisierter Rassismus wirklich bedeutet. Tag für Tag waren wir mit der Überlegenheit der Weißen konfrontiert. Rassismus ist institutionalisiert, wenn ein schwarzes Kind in aller Herrgottsfrühe aufstehen muss, um mit öffentlichen Verkehrsmitteln zu einer »guten« Model-C-Schule zu kommen, während ein weißes Kind nur ein paar Meter gehen muss oder von einem Chauffeur in einem Auto deutschen Fabrikats dorthin gebracht wird. Institutionalisierter Rassismus zeigt sich auch darin, dass in den Grundschulen keine einheimischen afrikanischen Sprachen gelehrt werden, sondern Schülerinnen und Schüler nur Englisch und Afrikaans lernen dürfen, was nur ihre Dritt- bzw. Viertsprache ist. Wenn diese Jugendlichen in die zehnte Klasse kommen und endlich eine der afrikanischen Sprachen als Fach wählen dürfen, sind sie schon so sehr von Englisch und Afrikaans geprägt, dass sie sich nicht mehr für afrikanische Sprachen interessieren oder dass sie gar befürchten, sie könnten durchfallen, wenn sie diese Fächer wählen. Institutionalisierter Rassismus ist es auch, wenn die Intelligenz eines schwarzen Kindes daran gemessen wird, wie gut es sich in Englisch ausdrücken kann, wohingegen die Intelligenz eines weißen Kindes nicht daran gemessen wird, wie gut es Sesotho oder isiXhosa beherrscht. Institutionalisierter Rassismus zeigt sich darin, dass die Zukunft eines schwarzen Kindes davon abhängt, wie gut es *Macbeth* versteht, eine Geschichte, die mit seinen eigenen Erfahrungen und seiner Welt rein gar nichts zu tun hat. In unseren Schulen wird kaum afrikanische Literatur gelehrt. Auf unseren Literaturlisten sucht man Ngũgĩ wa Thiong'o vergebens. Auch Dambudzo Marechera, Mariama Bâ, Onkgopotse Tiro oder Tsitsi Dangarembga wird man dort nicht finden. Es gibt keine Bücher auf dem Lehrplan, die die Realität der Schwarzen in Südafrika widerspiegeln. Institutionalisierter Rassismus ist es, wenn Schulen in Townships keine Labore und keinen Computerunterricht haben, während Schüler in Model-C-Schulen über unbegrenzten Zugang zu Computern, Mediatheken und hervorragend ausgestatteten Bibliotheken verfügen. Institutionalisierter Rassismus drückt sich darin aus, dass diese Schüler, die Zugang zu all diesen tollen Möglichkeiten hatten, dann von Universitäten aufgenommen werden, wohingegen schwarzen Schülern die Chancen auf eine höhere Ausbildung verwehrt werden. Institutionalisierter Rassismus ist auch, wenn traditionell »schwarze« Hochschulen, wie die Walter-Sisulu-Universität, keine weiteren Fördergelder erhalten und kurz vor dem finanziellen Kollaps stehen, während die Elfenbeintürme der weißen Elite, wie die Rhodes-Universität, weiterhin einen verschwenderischen Reichtum zur Schau stellen und wie Privatschulen funktionieren. Institutionalisierter Rassismus ist die legalisierte Form einer modernen Apartheid. Und es ist eine Form von Apartheid, welcher die angeblich in Freiheit geborene Generation sich unterordnen muss.

Der Kampf der Generationen vor uns war zu seiner Zeit ein Kampf für politische Freiheit. Er war ein Kampf um grundlegende Menschenrechte, unter anderem das Recht des Volkes, sich selbst zu regieren. Es war absolut notwendig, dass dieser Kampf geführt wurde, denn ohne Demokratie sind weder Revolution noch Reform möglich. Demokratie ohne politische Freiheit kann es nicht geben, aber politische Freiheit ist nicht das ultimative Ziel einer Revolution. Das ultimative Ziel ist ökonomische Befreiung, die Befreiung des Volkes aus den Zwängen einer ungerechten Wirtschaftsordnung. Aber unser Volk liegt immer noch in Ketten. Was also an dieser Generation ist »frei«? Wie können wir »in Freiheit geboren« sein, wenn unsere Generation in Wirklichkeit während eines Kampfes um wirtschaftliche Befreiung zur Welt kam, zu einer Zeit, in der die Ziele der Afrikanischen Renaissance verfolgt werden müssen? Ich bin zwar nicht in jenen Jahrzehnten geboren, in denen die Apartheid in der Verfassung verankert war, aber ich bin immer noch das Produkt einer Ära einer systematischen, individualisierten und institutionalisierten Apartheid. Also bin ich oder sind die, die nach mir geboren wurden, in keiner Weise frei. Meine Geschichte spiegelt nicht die Freiheit wider, von der Politiker in ihren romantischen Reden sprechen. Vielmehr handelt meine Geschichte vom Kampf um Freiheit und von der Befreiung aus der geistigen Sklaverei. Und sie beginnt in Soweto ...

Der Anfang

Mein Name ist Malaika Lesego Samora Mahlatsi. Ich bin vor zweiundzwanzig Jahren, am 19. Oktober, an einem warmen, regnerischen Vormittag, in der Meadowlands Community Clinic zur Welt gekommen – am selben Tag, an dem meine Mutter zwanzig Jahre alt wurde. Ihr Name ist Dipuo Mahlatsi, und bis vor ungefähr zehn Jahren hat sie ihr ganzes Leben euch, dem ANC, gewidmet. Wie ich ist sie in der Township Soweto geboren, während einer Zeit, in der Kindern keine Kindheit vergönnt war.

Dipuos Mutter, Matshediso Mahlatsi, hatte ihren Heimatort Parys in der Provinz Freistaat als junges Mädchen verlassen. Da ihre Familie sehr arm war, konnte meine Großmutter nicht zur Schule gehen und hat deshalb keine Bildung genossen. Wie die meisten jungen Frauen in den Paryser Arbeiterfamilien musste sie sich um die Kinder der vielen Tanten und Onkel kümmern, die alle mit im Haus lebten, während die Erwachsenen in den Häusern und Gärten der weißen Familien arbeiteten. Sie kochte, machte sauber, wusch die Wäsche. Die junge Frau, die damit sozusagen in ihrem eigenen Haus eingesperrt war, ohne Aussicht darauf, dass sie einmal etwas anderes als eine Bedienstete sein würde, traf die mutige Entscheidung, das monotone Leben in Parys hinter sich zu lassen und stattdessen ihr Glück in Johannesburg zu versuchen. Gegen Ende der Sechziger verabschiedete sich meine Großmutter von ihrer nicht gerade erfreuten Familie und stieg allein und verängstigt in den Zug nach Johannesburg. In dieser Stadt sollte sie den Rest ihres Lebens verbringen.

Meine Großmutter hat mir oft erzählt, wie sie ihre ersten Tage in der Stadt erlebt hat. Sie erinnert sich immer noch daran, als ob es erst gestern gewesen wäre. Das erste Anzeichen dafür, dass der Zug in Johannesburg angekommen war, sei der Geruch von arbeitenden Männern gewesen. Männern, die unter Tage nach Gold gruben – Gold, das ihnen niemals selber gehören würde. Männern, die Gärten pflanzten und bewässerten – Gärten von Häusern, die sie niemals betreten durften. Und Männern, die durch die Straßen hetzten, um den unbarmherzigen weißen Polizisten zu entkommen.

Johannesburg, so erinnert sie sich, war ein regelrechter Betondschungel. Als sie in der Stadt ankam, war meine Großmutter völlig allein. Irgendwo in Soweto hatte sie Verwandte, aber wo genau diese wohnten, wusste sie nicht. Außerdem wollte sie nicht einfach unangemeldet bei ihnen auftauchen. Sie war eine hübsche junge Frau und trug ihre wenigen Besitztümer in einer kleinen Tasche bei sich: zwei ausgeblichene Blusen, einen schwarzen Rock, den sie von ihrer Tante geschenkt bekommen hatte (diese hatte ihn sich einfach von einem Haufen ausrangierter Kleider ihrer Arbeitgeberin genommen), ein einziges Kleid, das sie normalerweise zur Kirche anzog, und zwei Paar Unterhosen, die man heutzutage keinem Menschen mehr als Kleidung zumuten würde. Sie hatte kein Geld und keine Pläne, nur den starken Wunsch, den erdrückenden Lebensumständen in Parys zu entkommen. Eine Frau, die neben ihr im Zug saß und merkte, dass meine Großmutter fremd in der Stadt war, bot ihr an, dass sie ein paar Tage bei ihr bleiben konnte. Dankbar nahm meine Großmutter das Angebot an. In ihrer ersten Nacht schlief sie friedlich auf einer dünnen Matratze auf dem Boden, in einem kleinen Haus in Moletsane, einer Township im Osten von Soweto.

Zu der Zeit war es nicht besonders schwierig, Arbeit zu finden. Meine Großmutter, jung, ungebildet, verzweifelt und schwarz, war genau die Art von Arbeiterin, die das System haben wollte. Sehr bald hatte sie eine Anstellung als »Mädchen« bei einer weißen Familie gefunden; was man heutzutage Hausangestellte nennt. Ihre Aufgaben als »Mädchen« unterschieden sich nicht sonderlich von denen, die sie auch zu Hause verrichtet hatte: sauber machen, Wäsche waschen und sich um die Kinder von »Baas« und »Madam« kümmern. Natürlich wurde sie jetzt für ihre Arbeit bezahlt, allerdings mit einem so kleinen Lohn, dass sie damit kaum ihren Lebensunterhalt bezahlen konnte. Da sie arbeitete, erwartete die Dame, die sie bei sich aufgenommen hatte, dass sie ihren Anteil zu den Haushaltsausgaben beisteuerte. Ein eigenes Heim konnte sich meine Großmutter nicht leisten, also lebte sie weiterhin bei der Familie, die ihr in der ansonsten so kaltherzigen Stadt Güte und Freundlichkeit gezeigt hatte.

In den nächsten paar Jahren arbeitete meine Großmutter weiterhin für die weiße Familie und versuchte, mit dem geringen Lohn auszukommen. Es mag zwar zu der Zeit nicht schwierig gewesen sein, Arbeit zu finden, aber welche Art von Arbeit Schwarze auch immer fanden, sie mussten sich darauf einstellen, extrem ausgebeutet zu werden. Aber die Alternative war noch viel furchteinflößender, also arbeiteten sie bereitwillig für einen Apfel und ein Ei und schafften es kaum, ihre Familien damit durchzubringen.

Bald lernte meine Großmutter einen jungen Mann kennen. So wie sie es mir erzählt, war es Liebe auf den ersten Blick. Sie hatte nie wirklich die Gelegenheit gehabt, junge Männer aus der Township kennenzulernen oder sich gar mit ihnen zu verabreden, weil sie immer so viel arbeitete. Aber als sie diesen jungen Mann mit seinem strahlenden Teint und unwiderstehlichen Charme traf, war meine Großmutter ganz hin und weg, und bevor sie sich versah, machte ihr der Mann auch schon den Hof. Mit der Zeit wurde ihre Beziehung immer intimer, und ein Jahr später war sie von ihm schwanger. Sie freute sich sehr darüber, hatte aber natürlich auch schreckliche Angst. Sie war unverheiratet und verdiente nicht mal genug Geld, um sich eine eigene Unterkunft leisten zu können. Sie fiel der Familie, bei der sie lebte, schon genug zur Last, indem sie ihnen Platz wegnahm, der ohnehin knapp war, und jetzt würde sie eine weitere Person mitbringen. Der Vater des Kindes lebte bei seiner Familie und hatte auch kein eigenes Haus. Nicht verheiratet zu sein, war ein großer Skandal, den ihr ihre Familie im Freistaat niemals verzeihen würde. Damals war es gesellschaftlich verpönt, ein uneheliches Kind zur Welt zu bringen. Sie hätte damit eine große Schande über ihre Familie gebracht. Aber meine Großmutter wollte das Kind, und sie liebte den Vater des Kindes sehr.

Als sie ein paar Monate schwanger war, fragte ihr Freund sie, ob sie bei ihm und seiner Familie einziehen wolle. Meine Großmutter war sehr erleichtert, dass sie der Frau, bei der sie wohnte, ihre Situation nicht erklären musste, und zog in das Heim der Mokhethis in einem anderen Teil von Moletsane ein. Mit offenen Armen wurde sie dort empfangen. Sie fuhr jeden Tag zur Arbeit und wieder nach Hause, bis sie dazu nicht länger in der Lage war. Mein Onkel, Lesley Mokhethi, wurde 1969 geboren. Nicht lange nachdem er das Licht der Welt erblickt hatte, schrubbte meine Großmutter schon wieder die Böden der Weißen und kümmerte sich um die »klein Baases« und »klein Madams«. Die Familie Mokhethi war ganz vernarrt in den jüngsten Familienzuwachs. Er war der erste Enkel von ma-Mokhethi, der Mutter von Großmutters Freund. Alle Frauen im Haus kümmerten sich um ihn, während Großmutter auf der Arbeit war. Abends, wenn sie völlig erschöpft nach Hause kam, gab sie ihm auf der Couch die Brust, bis sie gemeinsam einschliefen. In den frühen Morgenstunden erwachte sie gewöhnlich von der eisigen Kälte. Eine der Tanten hatte sie zugedeckt und Lesley ins Bettchen gebracht. So lief das an Tagen, an denen ihr Freund nicht zu Hause war. Sonst weckte er sie auf, und sie schliefen gemeinsam auf einer Matratze, die im Esszimmer auf dem Boden lag. Sie beschwerte sich nie. Es war nichts Ungewöhnliches, dass ein Mann öfter mal nicht zu Hause schlief, und eine gute Frau wusste, dass sie ihn darüber nicht ausfragen sollte, wenn er heimkam.

Als Lesley gerade mal ein Jahr alt war, war meine Großmutter zum zweiten Mal schwanger. Die Familie Mokhethi hatte meine Großmutter schon längst als zukünftige Frau des Sohnes aufgenommen und freute sich darauf, ein weiteres Kind mit ihr zusammen großzuziehen. Aber Großmutters Freund teilte diese Freude nicht und stritt ab, Vater des Kindes zu sein. Trotzdem blieb meine Großmutter bei den Mokhethis wohnen, bis sie im Oktober 1971 ein gesundes Mädchen zur Welt brachte.

Das Aussehen des Kindes gab dem angeblichen Vater noch mehr Grund zur Annahme, dass es nicht seins war. Die Mokhethis hatten alle eine recht helle Hautfarbe, weil sie teilweise von Weißen abstammten. Der Freund meiner Großmutter, also mein Großvater, hatte einen weißen Vater und eine schwarze Mutter. Aber dieses Kind hatte eine noch dunklere Hautfarbe als meine Großmutter und stach in der Familie Mokhethi heraus wie ein Gnu auf einer geschäftigen Straße. Das Kind wurde Dipuo getauft, was so viel bedeutet wie: ein Kind, das in viel Gerede hineingeboren wurde. Sie bekam nicht, wie das erste Kind, den Familiennamen Mokhethi, sondern trug Großmutters Namen: Mahlatsi.

Als das Gerede und die Verdächtigungen um den Vater des Kindes auch nach ein paar Jahren noch nicht verstummt waren, wurde es meiner Großmutter zu bunt. An einem kalten Junimorgen im Jahr 1975 packte sie ihre Sachen und die Sachen ihrer Kinder zusammen. Sie war fest entschlossen, den Haushalt der Mokhethis zu verlassen und ihre Kinder selber großzuziehen. Doch noch bevor sie es aus der Tür geschafft hatte, wurde sie von maMokhethi gestoppt, die darauf bestand, dass meine Großmutter ohne ihre Kinder ging. Sie wusste, dass meine Großmutter ihrer Familie nichts von den Kindern erzählt hatte und es unwahrscheinlich war, dass sie in den Freistaat zurückgehen würde. Sie wusste auch, dass meine Großmutter nicht genug Geld verdiente, um sich ein eigenes Haus oder eine Wohnung zu leisten. Aber meine Großmutter weigerte sich, die Kinder zurückzulassen. Sie wollte sie bei sich haben, obwohl sie nicht wusste, wohin sie gehen würde. Es war ein heftiger Streit, an dessen Ende sie sich auf einen schmerzhaften Kompromiss einigten: Meine Großmutter würde ihren Sohn bei den Mokhethis lassen und nur die Tochter mitnehmen, deren Vaterschaft die Ursache des Konflikts war. Ma-Mokhethi hatte es anders gewollt, aber meine Großmutter war sich sicher, dass ihre Tochter besser bei ihr aufgehoben war als bei der Familie eines Mannes, der sie nicht mehr wollte. Nachdem also diese Abmachung getroffen war, schnallte sich meine Großmutter ihre Tochter auf den Rücken und verließ das Haus der Mokhehtis, um es nie wieder zu betreten.

Sie kannte sich in Soweto noch immer nicht besonders gut aus, da sie keinen großen Bekanntenkreis hatte. Meine Großmutter war sich nicht bewusst, dass ihre Verwandtschaft in Soweto gar nicht so weit weg wohnte. Nachdem sie also Moletsane verlassen hatte, zog sie in den Straßen der Township umher, auf der Suche nach einer Bleibe. Stundenlang war sie unterwegs und klopfte an Türen, bat um einen Schlafplatz für sich und ihr Kind. Schließlich hatte eine Familie in der Umgebung Erbarmen mit ihr. Die nächsten paar Monate lebte sie glücklich mit ihrer neuen Familie, während sie weiterhin »in der Küche« arbeitete, wie man in der Township zu Arbeit in den weißen Vororten sagte. Ihre Tochter wuchs zu einem cleveren Mädchen heran. Sie war sehr wissbegierig und Gleichaltrigen weit voraus. Etwa um diese Zeit fing meine Großmutter an, nach ihren Verwandten zu suchen. Sie fand sie schließlich in Meadowlands Zone 3, nur ein paar Minuten außerhalb von Moletsane. Als sie bei ihnen einzog, hatte sie zwei Kinder dabei: meine Mutter und einen Sohn namens

Godfrey Motsamai Mahlatsi, von dem noch zu reden sein wird.

Das Leben in Zone 3 war nicht so viel anders als das Leben in Moletsane. Meine Großmutter musste immer noch arbeiten, um ihre Kinder ernähren zu können. Sie verdiente nicht viel »in der Küche«, aber es war eine große Erleichterung für sie, nicht mehr Miete zahlen zu müssen. Meine Mutter und Godfrey wuchsen zusammen mit den anderen Kindern im Haus auf und lebten das gewöhnliche Leben von gewöhnlichen Township-Kindern.

Einige Jahre gingen vorbei. Mittlerweile besuchten die Kinder die Grundschule, die nicht weit von ihrem Haus entfernt war. Meine Großmutter hatte Lesley seit Jahren nicht zu Gesicht bekommen, schloss ihn aber jede Nacht vor dem Einschlafen in ihre Gebete ein.

Das Apartheidregime brachte Gewalt und Brutalität in die Townships, und wenn Kinder nicht mit alten Fußbällen in den Straßen spielten, dann waren sie in ihre Häuser eingesperrt, um sie von den kreischenden Polizeisirenen und den immer häufiger explodierenden Molotowcocktails fernzuhalten, die jetzt zum Alltag in den Townships dazugehörten.

1979 und 1981 brachte meine Großmutter zwei weitere Söhne zur Welt: Vincent Teboho und Alpheus Liphapang Mahlatsi. Beide wuchsen wie meine Mutter und Godfrey in Meadowlands Zone 3 auf. Ein paar Jahre nach der Geburt des jüngsten Sohnes, der Ali gerufen wurde, zog meine Großmutter wieder um. Diesmal ließ sie sich in Zone 8 nieder, wo sie ein paar Jahre bei der Familie Makama wohnte. Sie war eng befreundet mit der Matriarchin, die nur als »Mawe« bekannt war.

Dipuo, Godfrey, Vina (Vincents Spitzname, den er für den Rest seines Lebens beibehielt) und Ali gingen alle in Meadowlands zur Schule. Dipuo besuchte mittlerweile die weiterführende Schule in Zone 9, während Godfrey, Vina und Ali alle in die Lejoeleputsoa-Grundschule in Zone 3 gingen. Die Jungs mussten jeden Tag zehn Kilometer zu Fuß dorthin gehen. Zu dem Zeitpunkt war das nichts Ungewöhnliches. Die Schulen in Soweto spiegelten die Aufteilung der Township nach Stämmen wider. Auch heute noch hat das Einfluss darauf, wer welche Schule besucht. In den Schulen der Zonen 7, 8 und 9 wurde auf Setswana unterrichtet. Alle dortigen Grundschulen und Highschools wurden von Schülern besucht, die Setswana sprachen. Die Schulen in den Zonen 1, 2 und 3 waren für sesothosprachige Schüler. Die Lejoeleputsoa-Grundschule war eine dieser Schulen, und da die Familie Mahlatsi Sesotho sprach, mussten die Kinder dorthin. Meine Mutter war ein sehr intelligentes Kind und lernte neue Sprachen ohne große Probleme. Daher bereitete es ihr keine Schwierigkeiten, von einer Sesotho-Schule auf eine Setswana-Schule zu wechseln. Ein paar Jahre nachdem sie in das Haus der Makamas eingezogen war, konnte es sich meine Großmutter endlich leisten, eine Hütte zu mieten. Mitte der Achtziger zog sie mit ihren Kindern in das neue Zuhause, das aus einem einzigen Raum bestand. Zu diesem Zeitpunkt war ihre Tochter, meine Mutter, ein aufsässiger Teenager und sehr an Politik interessiert. Dipuo besuchte jetzt eine der ältesten Highschools in Meadowlands, die Kelokitso-Gesamtschule. Der politische Aktivismus hatte es ihr angetan, und sie ließ sich durch nichts und niemanden von ihrem Engagement abbringen. Meine Großmutter ärgerte das sehr, aber sie wusste, dass sie absolut nichts dagegen tun konnte, wenn ihre Tochter beschlossen hatte, Aktivistin zu sein. Die Umstände zwangen junge Menschen dazu, sich dem Kampf gegen das Apartheidregime anzuschließen, das so viele Schwarze terrorisierte und umbrachte.

Im Jahr 1985 wurde landesweit der Notstand ausgerufen, ein deutliches Zeichen von wachsender staatlicher Repression. Der COSAS, der Kongress der südafrikanischen Schüler, dem sich meine Mutter sofort angeschlossen hatte, als sie auf die

Highschool kam, wurde in diesem Jahr verboten, und die Schulen in den Townships wurden von der Polizei besetzt. Meine Mutter war gerade mal ein Teenager, wurde aber von der Polizei in Gewahrsam genommen, weil sie Boykotte organisiert hatte. Die Schulboykotte waren eine Form des Widerstands, wie auch die Verbraucherboykotte, zu denen der Afrikanische Nationalkongress aufgerufen hatte mit dem Ziel, das Land unregierbar zu machen. Ihr vom ANC hattet diesen Aufruf während der Kabwe-Konferenz in Sambia gestartet, wo der Guerillakampf als wirksames Instrument beschrieben wurde, um eine Massendynamik gegen ein unterdrückerisches Regime zu erzeugen.

Meine Großmutter erzählt die Geschichte besser. Sie erinnert sich daran, als sei es gestern gewesen, weil sich die Bilder auf ewig in ihr Gedächtnis gebrannt haben. Am Freitagnachmittag stieg sie aus dem Minitaxi, das sie von ihrer Arbeit nach Hause brachte. Sie freute sich darauf, Zeit zu Hause mit ihren Kindern zu verbringen. Zu dem Zeitpunkt arbeitete sie als Reinigungskraft beim Kagiso-Trust, einer Organisation, die 1985 gegründet worden war, um für die Finanzierung von Programmen zu sorgen, die in den Kampf gegen das Apartheidregime involviert waren. Meine Großmutter sagt, es sei die beste Stelle gewesen, die sie je gehabt habe. Freitags hatte sie relativ früh Feierabend, und aus dem Grund kam sie auch schon früh am Nachmittag in die Township zurück. Sie freute sich immer besonders auf diesen Tag, nicht nur, weil sie Zeit mit den Kindern verbringen konnte, sondern weil es nur einer von zwei Tagen in der Woche war, an denen sie Zeit hatte, für sie zu kochen. Unter der Woche arbeitete sie lange. Bis sie ein Minitaxi gefunden hatte und wieder zu Hause war, war es oft schon spät. Deshalb fiel die Aufgabe, für die Kinder zu kochen, unter der Woche meiner Mutter zu. Sie bereitete gewöhnlich eine Mahlzeit zu, wenn sie nachmittags von der Schule nach Hause kam. Freitags gab es im Haus meiner Großmutter immer »Spykos«: Pommes mit Brathähnchen und dieses und jenes von den Fast-Food-Ständen in der Stadt. Die Kinder freuten sich immer darauf. Pommes und Brathähnchen galten als Luxusessen in der Township und waren folglich etwas ganz Besonderes.

Die Kelokitso-Gesamtschule hatte freitags auch früh aus, und Dipuo war dann meistens vor zwei Uhr nachmittags zu Hause. Von der Schule in Zone 9 bis zu ihrem Zuhause in Zone 8 waren es etwa zwanzig Minuten zu Fuß. Daheim angekommen, machte sie ihre Hausaufgaben und erledigte ihre Pflichten im Haushalt. Unter anderem schnitt sie die Kartoffeln in Stäbchen, die meine Großmutter später, wenn sie nach Hause kam, zu Pommes frittierte. Sie nahm ihre Aufgaben sehr ernst und erledigte sie stets, bevor sie ihren politischen Aktivitäten nachging. Aber an diesem speziellen Freitag kam meine Großmutter nach Hause und sah, dass die Kartoffeln noch nicht geschnitten waren. Sie machte sich keine großen Gedanken. Ihre Tochter war in diesen Dingen für gewöhnlich sehr zuverlässig, aber meine Großmutter verstand, dass Kinder ab und zu auch mal ein bisschen Freiheit brauchten. Doch als meine Mutter bei Sonnenuntergang immer noch nicht zu Hause war, begann sich meine Großmutter Sorgen zu machen. Panisch klopfte sie bei den Nachbarn an die Tür, ob sie ihre Tochter gesehen hätten. Doch niemand wusste, wo Dipuo war.

Später an dem Abend, nachdem sie überall nach ihrer Tochter gesucht hatte, saß meine Großmutter mit ihren drei Söhnen schweigend und völlig niedergeschlagen zusammen, als es auf einmal an der Tür klopfte. Meine Großmutter sprang auf, um zu öffnen. Doch dort stand nicht, wie sie erwartet hatte, meine Mutter, sondern ein junger Mann, den sie nicht kannte. Er stellte sich vor und sagte, dass er sie gerne darüber informieren wolle, wo sich ihre Tochter aufhielt. »Ihre Tochter«, sagte er, »wurde heute Nachmittag in der Schule festgenommen, gemeinsam mit anderen Genossen.«

Meine Großmutter war sprachlos. Natürlich hatte sie mitbekommen, dass die Polizei Aktivisten schikanierte und die Schulen in Townships besetzte. Ihr waren auch schon die Geschichten von jungen Leuten zu Ohren gekommen, die festgenommen worden waren und von denen man nie wieder etwas gehört hatte. Es gab Gerüchte, dass die Polizei politische Aktivisten einfach umbrachte, denn viele von ihnen verschwanden spurlos. Sie waren nicht im Gefängnis, ihre Leichen wurden nie in Leichenschauhäusern oder Krankenhäusern gefunden, und sie hatten auch nicht die Grenzen überquert, um sich militanten Gruppierungen wie Umkhonto weSizwe (MK) oder der APLA, der Volksbefreiungsarmee von Azania, irgendwo anders in Afrika anzuschließen. Manche von ihnen wurden einfach in den Gefängnissen aus dem Fenster geworfen, und ihr Tod wurde als Suizid verzeichnet. Andere wurden den Krokodilen im Fluss Sambesi zum Fraß vorgeworfen. Der Gedanke, dass ihr eigenes Kind dieses Schicksal ereilen könnte, versetzte meine Großmutter in Angst und Schrecken. Sie dankte dem Überbringer der schlechten Nachricht und drehte sich zu ihren Söhnen um, die mit schreckgeweiteten Augen die Tür anstarrten, durch die der Mann gerade wieder verschwunden war.

Meine Großmutter war eine sehr religiöse Frau und betete das ganze Wochenende lang. Sie flehte Gott an, ihre einzige Tochter zu beschützen. Sie versprach, eine bessere Mutter zu sein, wenn bloß ihrer Tochter die Brutalität erspart bliebe, von der sie wusste, dass die Polizei zu ihr fähig war. Aber am meisten betete sie für den Afrikanischen Nationalkongress. Sie betete, dass ihr vom ANC eines Tages die Regierung stellen würdet, damit die Kinder nicht mehr leiden mussten. Sie betete für alle Kinder, die für das ideale Südafrika kämpften, an das auch ihr geglaubt habt. Sie betete für die Entlassung von Nelson Mandela aus dem Gefängnis. Sie betete auch dafür, dass Weiße Schwarze nicht mehr hassten.

Ein paar Tage später kehrte meine Mutter nach Hause zurück. Sie hatte Kratzer im Gesicht und blaue Flecken am ganzen Körper. Ihre Kleider, oder was davon noch übrig war, sahen aus, als ob sie mit wilden Tieren gekämpft hätte. Meine Großmutter war nicht daheim, als sie nach Hause kam; schweren Herzens und voller Kummer hatte sie sich zur Arbeit geschleppt. Als sie an dem Abend von der Arbeit kam, standen die Töpfe auf dem Herd, und die Hütte war sauber gemacht worden. Noch nie zuvor im Leben war sie so erleichtert wie an diesem Tag, an dem sie schon beim Eintreten in die Hütte sah: Ihre Tochter war nach Hause gekommen.

1986, als meine Mutter in der zehnten Klasse war, mischte sie als politische Aktivistin bei der Organisation SOYCO mit, dem Jugendkongress von Soweto, und von nun an gehörten die Verhaftungen zu ihrem Alltag. Meine Großmutter versuchte mehrere Male, ihre Tochter davon zu überzeugen, nicht mehr aktiv am Widerstandskampf teilzunehmen. Sie flehte sie an, versuchte sie immer wieder umzustimmen, bis sie merkte, dass sie meine Mutter nicht davon abbringen würde. Dipuo war mit dem Freiheitskampf verheiratet, und nichts, was irgendjemand sagte, konnte sie davon abbringen.

Aber Dipuo war nicht die Einzige, die ihrer Mutter Sorgen bereitete. In den späten Achtzigern war Soweto das Zentrum der Jugendbewegung. In jeder Township waren junge Männer und Frauen, manche von ihnen gerade mal Teenager, in die Aktivitäten von SOYCO und der Vereinigten Demokratischen Front involviert.

Viele Eltern lebten in ständiger Angst, dass ihre Töchter oder Söhne der Polizeigewalt zum Opfer fallen könnten. Sie befürchteten, dass ihre Kinder eines Tages im Sambesi verschwänden und nie wieder nach Hause kämen. Also taten sie alles, was in ihrer Macht stand, um sie davon abzuhalten, politischen Organisationen beizutreten oder am Widerstandskampf teilzunehmen. Aber nur wenige Kinder hörten auf ihre Eltern. Sie verstanden, dass die Angst ihrer Eltern in keinem Verhältnis stand zu der dauerhaften Unterdrückung der Schwarzen durch das Apartheidregime. Mittlerweile war der Punkt erreicht, wo das eine oder andere eintreten musste: Entweder würde die Apartheid besiegt werden, oder die schwarzen Völker Südafrikas würden untergehen. Apartheid war ein Genozid, und die schwarzen Frauen und Männer gingen eine nach dem anderen zugrunde. Das musste ein Ende haben. Und die Kinder würden dem auch ein Ende setzen, ob sie dazu nun die Erlaubnis ihrer Eltern hatten oder nicht.

Das Leben in der Township war mittlerweile ein wahrer Albtraum. Viele Schüler gingen gar nicht mehr zur Schule, die Polizei war überall, seit 1985 der Notstand ausgerufen worden war. Mit jedem Jahr, das verging, schien eine Wende zum Guten immer unwahrscheinlicher. Meine Großmutter war weiterhin das Oberhaupt ihrer Familie und zog ihre drei Söhne und die rebellische Tochter, die kaum mehr zu Hause war, allein auf. Zu dem Zeitpunkt waren Vina und Ali im letzten Jahr der Grundschule, und ihr älterer Bruder Godfrey war gerade in die weiterführende Schule gekommen. Sie alle waren sehr gut in der Schule, wie ihre ältere Schwester, und meine Großmutter betete jeden Tag, dass sie nicht in ihre Fußstapfen treten würden.

Ende 1989 verkündete meine Mutter, dass sie Meadowlands verlassen und nach Alexandra ziehen würde. Alexandra, eine der ältesten Townships in Südafrika, im Osten von Johannesburg, war eine Hochburg für politische Aktivisten. Wie ihr vom ANC wisst, haben viele eurer Mitglieder, einschließlich Nelson Mandela, in dieser Township gelebt, die heute immer noch die Brutalität der Rassentrennung widerspiegelt. Alexandra war ursprünglich eigentlich ein Arbeiterviertel, für diejenigen, die in den Minen rund um Witwatersrand arbeiteten, wo seit dem

19. Jahrhundert Gold abgebaut wird. Im Lauf der Jahre und als der Widerstandskampf immer heftiger wurde, wurde Alexandra zum sicheren Unterschlupf für politische Aktivisten, die auf der Flucht vor der Polizei waren. Weil Alexandra ein so gefährliches Pflaster war, traute sich sogar die Polizei kaum hierher. Es gab nur selten Polizeipatrouillen, zum einen wegen der Gewalt, zum anderen, weil die Hütten so eng beieinanderstanden; Aktivisten, die sich im dicht bevölkerten Alexandra versteckten, wurden selten gefunden. Aus diesem Grund zog es Dipuo, genauso wie viele ihrer Genossen, nach Alexandra. Meine Großmutter protestierte nicht, als sie ihre Pläne verkündete. Zu dem Zeitpunkt hatte sie sich schon damit abgefunden, ihre Tochter an den Widerstandskampf und vor allem an euch vom ANC verloren zu haben.

Meine Mutter kam erst im Januar 1990 wieder nach Hause, in dem Jahr, in dem Nelson Mandela aus dem Gefängnis entlassen wurde und politische Parteien und Organisationen nicht länger verboten waren. Das Apartheidregime hatte sich endlich dazu bereit erklärt, sich mit der nationalen Befreiungsbewegung an einen Tisch zu setzen und zu einer Einigung zu kommen, die das Ende für die Unterdrückung der schwarzen Bevölkerungsmehrheit in Südafrika bringen sollte. Die Waffen waren für die Friedensgespräche niedergelegt worden. Die Kinder gingen wieder zur Schule, und die Straßen der Townships glichen nicht länger einem Kriegsgebiet. Zum ersten Mal in vielen Jahren war Südafrika voller Hoffnung.

Nachdem sie die Schule zeitweilig abgebrochen hatte, holte meine Mutter 1991 im Alter von zwanzig Jahren ihren Highschool-Abschluss nach. Ein Jahr zuvor hatte sie einen Aktivisten kennengelernt, der COSAS in Soweto anführte. Der junge Mann war gerade mal ein Jahr älter als sie, und ihre Beziehung hatte eigentlich eher als Techtelmechtel in Zeiten politischer Instabilität angefangen. Meistens sahen sie sich bei COSAS-Treffen in Meadowlands, wo er auch lebte. Er war genauso selbstbewusst wie sie, doch ihre Beziehung stand unter einem schlechten Stern. Nicht nur, weil sie sich so ähnlich waren. In dem politischen Klima jener Zeit hatten es Beziehungen wie ihre nicht leicht, dauerhaft zu halten. Jugend- und Studentenaktivisten wie sie waren dauernd auf der Flucht vor der Polizei und gezwungen, in Townships wie Alexandra unterzutauchen. Oft wussten noch nicht mal ihre Eltern, wo sie sich aufhielten, denn sie mussten sich praktisch unsichtbar machen, wenn sie dem wachsamen Auge der Polizei entgehen wollten. Aber diese Beziehung sollte nicht ihr schicksalhaftes Ende nehmen, ohne zuvor nicht noch ihre Spuren zu hinterlassen. Kurz nachdem die beiden zusammenkamen, erwartete Dipuo auch schon ein Kind.

Meine Mutter behauptet heute noch, dass sie von der Schwangerschaft nichts bemerkt habe. Sie meint, dass es kaum Anzeichen gegeben habe, dass da ein Kind in ihr heranwuchs. Sie erfuhr es erst, als sie schon im fünften Monat war. Obwohl sie weder studierte noch ein Einkommen hatte, beschloss sie, das Kind zu behalten – ein Licht nach den dunklen Zeiten der Apartheid.

Am 19. Oktober 1991 wurde ich, Malaika Lesego Samora Mahlatsi, in der Meadowlands Community Clinic geboren. Ich wog gesunde drei Kilogramm. Erst elf Jahre später würde meine Mutter ein weiteres Kind zur Welt bringen, das den Namen Morena Lumumba Rethabisitswe Mahlatsi tragen sollte, benannt nach dem ehemaligen Premierminister von Zaire, Patrice Lumumba, einem Sohn der Erde, der viel zu früh aus den Armen von Mutter Afrika gerissen wurde.

In Freiheit geboren

Ich wurde in eine spannende Zeit hineingeboren. Ein Jahr vor meiner Geburt wurden die Apartheidgesetze vom damaligen Präsidenten Südafrikas, Frederik Willem de Klerk, gelockert. Für politische Organisationen, die nach dem schrecklichen Massaker von Sharpeville 1960 verboten worden waren, bedeutete das die Rückkehr in die Legalität. Politische Gefangene wurden ebenfalls befreit, unter anderem auch Nelson Rolihlahla Mandela, der gegen die Apartheid gekämpft hatte und nach seiner Freilassung ANC-Vorsitzender wurde. Mandela war im Juni 1964 wegen Hochverrats und Sabotage angeklagt und zu lebenslanger Haft verurteilt worden. Aber am 11. Februar 1990, um Viertel nach vier Uhr nachmittags, stand Mandela vor den Toren des Victor-Verster-Gefängnisses in Paarl, seine wunderschöne Frau Mama Winnie Madikizela-Mandela an seiner Seite. Nach fast drei Jahrzehnten im Gefängnis war er nun ein freier Mann. Meine Mutter erzählt oft von diesem Moment. Sie hat die Geschichte sehr oft erzählt und wird dabei immer sehr emotional. So schildert sie die Ereignisse:

»Kurz bevor Nelson Mandela aus dem Gefängnis freikam, erhielten wir die Nachricht, dass er am Tag seiner Freilassung nach Soweto in das Jabulani-Amphitheater geflogen werden sollte. Und so trommelten der COSAS und andere politische Organisationen ihre Mitglieder für ebenjenen Tag, den 11. Februar 1990, in der Arena zusammen, um den Freiheitskämpfer willkommen zu heißen.

Endlich war der Tag da. Ich erinnere mich noch, dass es ein Sonntag war. Hunderte, wenn nicht Tausende von uns gingen an dem Tag von Meadowlands zum Jabulani und sangen gemeinsam revolutionäre Lieder und Parolen. Kurz bevor wir ankamen und gerade als er freigelassen werden sollte, passierte etwas Ungewöhnliches. Es fing heftig an zu regnen. Und das war kein gewöhnlicher Regen. Es war die Art Regen, die sich mit einem ohrenbetäubenden Donnern ankündigt und dann in Massen herunterstürzt, fast so, als ob der Himmel weinen würde. Am Theater angekommen, waren wir völlig durchnässt. Aber wir waren alle so aufgeregt, dass uns gar nicht in den Sinn kam, irgendwo einen Unterstand zu suchen.

Kurz darauf hielt jemand aus der Führungsriege des ANC – wenn ich mich nicht irre, war es Popo Molefe oder vielleicht auch Terror Lekota – eine Ansprache und teilte uns mit, dass Mandela heute nicht hierherkommen würde. Wir sollten alle nach Hause gehen und uns am nächsten Tag im FNB-Stadion versammeln. Die Menge zerstreute sich, und wir gingen im strömenden Regen nach Hause, immer noch Lieder singend, enttäuscht, aber nicht wütend.

Am nächsten Tag, einem warmen Montagvormittag, traf sich eine noch größere Gruppe aus Meadowlands an der Mapedi-Gemeindehalle in Zone 2. Wieder zogen wir los, dieses Mal zum FNB-Stadion außerhalb von Diepkloof. Die unterschiedlichsten Leute hatten sich uns angeschlossen: Studenten in ihren Uniformen, Arbeiter, Arbeitslose und die verschiedensten Menschen, die so in der Township lebten. Als wir am FNB-Stadion ankamen, war es schon fast voll. Die Straßen, die zu den Eingängen führten, waren verstopft. Überall, wo man auch hinschaute, sah man Leute, die Plakate hochhielten, auf denen Slogans standen wie: ›Endlich frei!‹ und ›Willkommen zu Hause, Madiba!‹

Endlich kam er an, Mama Winnie Mandela an seiner Seite. Wir sangen und riefen, bis wir heiser waren. Man konnte ihm deutlich vom Gesicht ablesen, wie überrascht er war. Die Atmosphäre in dem Stadion war wie elektrisch aufgeladen. Mandela verlor sogar das Gleichgewicht und musste von einem seiner Kameraden aufrecht gehalten werden. Das Stadion bebte, als wir alle gemeinsam ein besonderes Lied sangen. Nämlich dieses:

Nelson Mandela!
Sabela uyabizwa (uyabizwa) Sabela uyabizwa!
Wena Madiba!
Sabela uyabizwa (uyabizwa) Sabela uyabizwa!

›Nelson Mandela, wir rufen dich! Antworte, Madiba, denn wir rufen dich ...!‹ Irgendwann waren wir so laut, dass Genosse Popo Molefe – ja genau, er war es – das Mikrofon in die Hand nahm und uns bat, uns zu beruhigen. Er teilte uns mit, dass das Stadion erst vor Kurzem gebaut worden war, und wenn wir weiterhin so mit den Füßen stampfen würden, würden die Betonplatten noch auseinanderfallen. Aber niemand hörte auf ihn; wir waren wie in einem Rausch. Wir alle wollten so gern einen Blick auf diesen Mann, Nelson Mandela, erhaschen, von dem wir schon seit Jahren hörten. Seit Jahren brachte man uns in den politischen Organisationen seine Lehren bei, und wir wussten, dass seine Freilassung ein Ziel unseres Kampfes gewesen war, damit er uns in ein neues Südafrika führen konnte. Wir wollten ihn einfach alle sehen, egal, wie kurz dieser Moment auch sein würde.

Man brachte ihn zum Podest, damit er eine Ansprache halten konnte, und als er das tat, strahlte er so viel Demut und Bescheidenheit aus. Mit zitternder Stimme erzählte er uns, dass er im Gefängnis gewusst habe, dass ihn viele Menschen hier draußen unterstützten, aber er sei sich bis zu diesem Augenblick nicht bewusst gewesen, wie viele es tatsächlich waren. Er sagte uns, dass er das nicht erwartet habe, und bedankte sich schließlich bei allen für die Unterstützung und unser Engagement für den Widerstandskampf. Dieser Moment war der Beginn einer neuen Ära. In diesem Moment glaubte ich ganz fest daran, dass der Afrikanische Nationalkongress, meine Organisation, das Land für eine lange Zeit regieren würde ...«

An dem Sonntagmorgen, an dem ich geboren wurde, waren ein Jahr und acht Monate seit diesem geschichtsträchtigen Tag vergangen, an dem Mandela freigelassen wurde. Die Nationale Partei war immer noch an der Macht, aber alle, auch die Weißen, wussten, dass sie ihre politische Vormachtstellung früher oder später verlieren würde.

Drei Tage nach meiner Geburt brachte mich meine Mutter nach Hause in die Ein-Zimmer-Hütte, die sie mit meiner Großmutter und vier Geschwistern teilte. Das jüngste ihrer Geschwister, Tshepiso, war erst acht Monate zuvor im Baragwanath-Krankenhaus in Diepkloof geboren worden. Tshepiso hatte eine eineiige Zwillingsschwester gehabt, aber drei Monate nach der Geburt war Tshepang an einem Asthmaanfall gestorben. Tshepiso war auch ein kränkliches Mädchen und musste oft für lange Zeit im Krankenhaus bleiben. Aus dem Grund musste sich meine Mutter allein um mich kümmern und hatte nicht viel Hilfe von ihrer Mutter. Außerdem musste sie auch noch auf ihre jüngeren Brüder aufpassen. Doch zu dem Zeitpunkt waren die drei, Godfrey, Vincent und Ali, schon recht unabhängig und nur dann auf ihre große Schwester angewiesen, wenn es ums Kochen und den Haushalt ging. Meine Großmutter versuchte unterdessen, ihre Arbeit »in der Küche« und ihre Besuche im Bara unter einen Hut zu bringen. Ich hatte eine für Township-Kinder normale Kindheit. Wie alle anderen Kinder auch spielte ich in den staubigen Straßen und ging in eine Kindertagesstätte, die nicht weit von zu Hause entfernt war. Als ich fünf war, musste Tshepiso endlich nicht mehr ins Krankenhaus. Von da an waren wir unzertrennlich.

Bildung in der Township

Ich war sechs Jahre alt, als ich in die Vorbereitungsklasse der Tshimologo-Grundschule in Meadowlands Zone 9 kam. Damals war gerade ein neues Gesetz erlassen worden, laut dem Kinder erst mit sieben eingeschult werden durften, doch weil ich ungewöhnlich weit für mein Alter war, machte man bei mir eine Ausnahme. Tshepiso kam in die erste Klasse.

Zu dem Zeitpunkt arbeitete meine Mutter Vollzeit als Verwaltungsassistentin im Research Triangle Institute, einer amerikanischen Nichtregierungsorganisation. Die US-Behörde für internationale Entwicklung hatte mit dieser Firma einen Vertrag abgeschlossen, um in Pretoria ein Projekt auf die Beine zu stellen, in dem es um Menschenrechte ging. Meine Großmutter arbeitete immer noch als Reinigungskraft für den Kagiso-Trust, und meine Onkel besuchten die Highschool. Wenn wir nicht in der Schule gewesen wären, hätte es niemanden gegeben, der sich zu Hause um uns hätte kümmern können. Obwohl meine Mutter recht gut verdiente, ging das meiste von ihrem Gehalt für unsere Schulgebühren und ihre Studiengebühren drauf. Meine Mutter hatte sich an der Universität von Südafrika eingeschrieben, um einen Bachelor in Kommunikation und Literatur zu machen. Geld für einen Babysitter hatte sie also nicht übrig. Wenn Tshepiso und ich aus der Schule nach Hause kamen, dann ließ uns Ndivuvho, der Sohn unseres Vermieters, rein. Er machte uns etwas zum Mittagessen, und dann spielten wir auf der Straße, bis meine Onkel am Nachmittag von der Schule kamen und auf uns aufpassten.

In der Tshimologo-Grundschule wurde auf Setswana unterrichtet. Tshepiso und ich hatten die Sprache von unseren Spielkameraden gelernt und beherrschten sie sehr gut. Unsere besten Freunde waren Dipuo, Ntswaki und Lala. Sie gehörten alle zur selben Familie und sprachen fließend Setswana. Ein weiterer Freund von uns, Nhlanhla, sprach Xitsonga, hatte aber auch Setswana gelernt. Wir sechs hielten wie Pech und Schwefel zusammen. Ntswaki, Tshepiso und ich gingen zur selben Schule und hatten also den gleichen Weg. Dipuo, Nhlanhla und Lala besuchten eine andere Schule in der Nähe.

Eines an Soweto in den Neunzigern ist mir ganz besonders im Gedächtnis geblieben: Die Leute schienen andauernd in einem Zustand der Euphorie zu schweben. Es gab immer etwas, worüber man sich freuen konnte, und oft hatte es etwas mit dem ANC zu tun. Dauernd redeten die Leute über diese oder jene tolle Sache, die ihr vom ANC bewirkt habt. Es ging sogar so weit, dass die Menschen so abergläubisch wurden, dass sie alles in irgendeiner Weise mit euch in Verbindung brachten. Egal, was passierte, es wurde euch zugeschrieben. Wenn ein Kind ins nächste Schuljahr versetzt wurde, dann war das euch zu verdanken. Wenn ein Kranker wieder gesund wurde, dann hattet ihr auch irgendwie etwas damit zu tun.

An ein ganz bestimmtes Erlebnis erinnere ich mich noch sehr gut, obwohl ich zu dem Zeitpunkt erst ungefähr fünf war. Tshepiso und ich malten in unseren Malbüchern. Wir wohnten immer noch in der Ein-Zimmer-Hütte in Zone 8. Es gab zwei Einzelbetten, Tshepiso und ich teilten uns das eine, und meine Mutter schlief in dem anderen. Meine Großmutter schlief in dem engen Platz zwischen den Betten. Sie behauptete immer, dass das der beste Schlafplatz in der Hütte sei, gut isoliert und warm. Rückblickend nehme ich an, dass sie das nur gesagt hat, damit wir kein schlechtes Gewissen hatten. Meine Onkel Vina, Ali und Godfrey schliefen auf dem Fußboden in dem Teil der Hütte, der uns als Küche und Esszimmer diente.

Während wir also in unsere Bücher malten, kamen meine Onkel und ihre Freunde in die Hütte gestürmt und riefen aufgeregt irgendwas über Bafana Bafana. Sie hießen Tshepiso und mich, uns warm anzuziehen, und sagten uns, dass meine Mutter bald vorbeikommen werde, um uns abzuholen. Und tatsächlich, ein paar Minuten später kam sie nach Hause. Bei ihr war ihre Freundin Sibongile, bei deren Mutter, Mawe, meine Familie in den Achtzigern gewohnt hatte. Sie nahmen uns mit nach draußen, und das Erste, was wir hörten, waren hupende Autos und Leute, die laut sangen. Meine Mutter erklärte mir, dass die Fußballnationalmannschaft die Afrikameisterschaft gewonnen hatte. Sie nahm uns mit zur Maseru Street, einer der verkehrsreichsten Straßen in Meadowlands, wo sich die Massen versammelt hatten, um den Sieg zu feiern.

Die ganze Gemeinde war auf der Straße. Wo man auch hinschaute, sah man Leute, die sangen, tanzten und sich umarmten. Aus den Autos hörten wir Musik von MaWillies, einem bekannten Kwaito-Sänger, der ganz in der Nähe von mir wohnte, und von Brenda Fassie, deren Lieder so etwas wie die Nationalhymnen der Townships waren. Die Stimmung war grandios. Stundenlang, so kam es mir vor, tanzten und sangen die Leute in den Straßen. »Bafana Bafana hat dank Madibas Magie den Afrika-Cup gewonnen«, behaupteten viele.

Es war eine sehr glückliche Zeit. Die Apartheid war endlich vorbei. Ihr vom ANC wart jetzt an der Macht, und alle redeten nur noch von Nelson Mandela, der nun Präsident der Republik Südafrika war. Es war gar nicht so selten, dass man Kinder in den Straßen singen hörte:

Nelson Mandela! Nelson Mandela!
Ha hona ea tshoanang le ena!

»Nelson Mandela, es gibt nur einen wie ihn ...!« Alle waren wir jung, und alle liebten wir Mandela, den Mann, der uns aus den

Fängen der Apartheid befreit hatte. Den Vorsitzenden des ANC, der Partei der schwarzen Bevölkerung, der wir uns – so wurde es erwartet – anschließen würden, wenn wir älter waren.

In der Schule wurden wir in vier Bereichen unterrichtet: Religion, Mathematik, Lesen und Mandela. Tshimologo legte, wie alle Schulen in der Township, sehr viel Wert auf Religionsunterricht. Jeden Morgen versammelten wir uns vor dem Unterricht in der Aula. Dort lasen uns die Lehrer abwechselnd aus der Bibel vor, bevor der Rektor eine Ansprache hielt. Die erste Stunde war immer Religionsunterricht. Wir saßen auf dem Fußboden, um unsere Lehrerin, Miss K., herum, die uns Geschichten aus der Bibel erzählte. Manchmal übertrug sie die Aufgabe, aus der Bibel vorzulesen, den Schülern. Meistens mir oder meinem Freund Boitumelo. Wir waren ihre Lieblinge, hauptsächlich, weil wir so gut vorlesen konnten.

Ich hasste dieses Unterrichtsfach. Aus irgendeinem Grund konnte ich mich einfach nicht für die Bibel und ihre Geschichten erwärmen, so sehr ich mir auch Mühe gab. Sie kamen mir so unrealistisch vor wie die Geschichten über den Weihnachtsmann und seine Rentiere, die mit dem Schlitten vom Himmel kommen, um den Kindern ihre Geschenke zu bringen. Wenn ich also mit Vorlesen an der Reihe war, dann las ich immer, so schnell ich konnte. Das fiel mir nicht besonders schwer, weil ich sowieso sehr schnell sprach. Das Einzige, worauf ich mich im Religionsunterricht freute, war das Singen. Christliche Hymnen haben mir schon immer gefallen. Sie waren der einzige Grund, warum ich in die Kirche ging. Sie bewegten mich einfach. Ein Lied insbesondere, *Haufile Morena*, berührt mich tief in meiner Seele, auf eine Art, die ich immer noch nicht verstehe. Also beeilte ich mich, durch das Neue Testament zu kommen, damit mehr Zeit zum Singen übrig war.

Ich war eine sehr aufgeweckte Schülerin, genau das Gegenteil von meiner Tante Tshepiso, die ein Jahr über mir war. Lehrer verglichen mich oft mit meiner ruhigeren Tante, die kaum Freunde hatte und nur sprach, wenn sie etwas gefragt wurde. Meine Lieblingsfächer waren Lesen und Geschichte. Ich las viel schneller als meine Mitschüler, und wenn sie mit einem Buch erst bei der Mitte angelangt waren, hatte ich schon das nächste angefangen. Geschichte – ich würde es eher »Mandela-Unterricht« nennen – fand ich auch ganz toll. Meine Lehrerin, Miss M., unterrichtete mit Leib und Seele über das Thema Apartheid, denn so konnte sie so viel über ihre liebste Person in der Welt, Mandela, und ihre liebste Organisation in der Welt, den ANC, reden, wie sie wollte. Eines Morgens kam Miss M. mit einem strahlenden Lächeln ins Klassenzimmer und begann auf einmal – nach einer kurzen Rede über den künftigen neuen Lehrplan, die keiner von uns verstand –, allerlei Fragen zu stellen. Aber wir wussten natürlich die Antworten, denn wir hatten ihr immer gut zugehört.

»Wer ist der Premierminister von Gauteng?«, fragte sie.
»Mbhazima Shilowa!«
»Wer ist der Premierminister von Limpopo?«
»Ngoako Ramatlhodi!«
»Wer ist der Premierminister von Nordkap?«
»Manne Dipico!«
»Wer ist der Premierminister von Nordwest?«
»Popo Molefe!«
Und so ging das eine Weile weiter. Dann fragte sie, wie es zu erwarten war: »Wer ist der Bildungsminister?«
»Kader Asmal!«
Miss M.s Stimmung schlug sofort um. Sie fing an, uns anzubrüllen und belegte uns mit allerlei Schimpfnamen. Ich saß frustriert und ratlos auf meinem Stuhl. Ich wusste, dass wir recht hatten. Kader Asmal war der Bildungsminister, das hatte sie uns oft genug gesagt. So weit ich wusste, war er nicht gestorben oder von jemand anderem ersetzt worden. Warum war Miss M. so wütend und behauptete, unsere Antwort sei falsch?

Während ich versuchte, mir einen Reim darauf zu machen, begann Miss M. jeden einzelnen Schüler nach der richtigen Antwort zu fragen. Ein Schüler nach dem anderen wurde mit der Rute zweimal auf die Hände geschlagen, weil er oder sie eine falsche Antwort gab. Auf jedes »Es ist Kader Asmal, Miss« folgte das eklige Geräusch, das entstand, wenn Holz auf Fleisch traf. Ich hatte Angst. Bald würde sie auch vor meinem Pult stehen, und ich müsste ihr dieselbe Antwort geben wie alle anderen, denn ich wusste, dass Kader Asmal der Bildungsminister war. Ich wusste auch, dass ich als Letzte an der Reihe sein würde. Das war immer so. Die Lehrer in meiner Schule glaubten, dass die »schlausten« Schüler am wenigsten Aufmerksamkeit brauchten. Also wurden meine Hausaufgaben nie geprüft, und ich wurde nie irgendwas gefragt, weil erwartet wurde, dass ich die Antworten wusste. Erst mussten alle anderen versuchen, eine richtige Antwort zu geben. Aus dem Grund war ich auch noch nie geschlagen worden. Zu dem Zeitpunkt besuchte ich schon vier Jahre lang die Grundschule und war noch nie Opfer körperlicher Züchtigung geworden. Doch an dem Tag war ich sicher, dass mich dasselbe Schicksal ereilen würde wie alle anderen Schüler, und ich hatte eine Heidenangst.

Schließlich stand Miss M. vor meinem Pult. Sie hatte ihre Rute gesenkt, weil sie erwartete, dass sie mich nicht schlagen musste. Meine Klassenkameraden weinten leise, weil ihnen die Hände vor Schmerz brannten. Sie fragte mich, voller Stolz, als sei ich ihre Hoffnungsträgerin, wer der Bildungsminister sei. Ich antwortete nicht gleich. Ich hatte so viel Angst vor den Folgen. Nach einer gefühlten Ewigkeit flüsterte ich schließlich: »Es ist Mr. Kader Asmal.« Ein paar Sekunden später wusste ich, dass es mich diesmal auch treffen würde.

Miss M. hob die Rute und befahl mir, den Arm auszustrecken und die Hand mit der Handfläche nach oben auf das Pult zu legen. Ich gehorchte. Die Schmerzen, die durch meinen Arm zuckten, waren mit nichts zu vergleichen, was ich je zuvor erlebt hatte. Es tat so weh, dass ich noch Sekunden später völlig bewegungslos dasaß. Ich konnte noch nicht mal denken. Als ich wieder zu mir kam, schrie Miss M. uns an, wie enttäuscht sie von unserer kollektiven Dummheit sei, welche wir, so meinte sie, von unseren Eltern geerbt hätten, die alle Produkte der Bantu-Erziehung seien. Die richtige Antwort, so teilte sie uns mit, sei nicht Kader Asmal oder Mr. Kader Asmal. Die richtige Antwort sei *Professor* Kader Asmal. Ein Professor, erklärte sie uns, sei keine gewöhnliche Person. Ein Professor sei jemand, der lange studiert habe und viele Universitätsabschlüsse besitze. Und so ein Mensch sei unser Bildungsminister. Sie betonte, dass der Grund dafür, dass wir einen Professor als Bildungsminister hätten, darin liege, dass der ANC Bildung sehr ernst nehme.

»Der ANC möchte, dass ihr eine bessere Bildung bekommt, als uns während der dunklen Apartheid-Ära vergönnt war.« Das mussten wir Schüler der Tshimologo uns nun täglich anhören. Jeden Tag dankten wir denen auf Knien, die für die Freiheit der schwarzen Bevölkerung gekämpft hatten: euch vom ANC.

Wir wurden geschlagen, wenn wir nicht wussten, wer der erste Vorsitzende des ANC gewesen war oder wie viele Jahre Nelson Mandela im Gefängnis verbracht hatte. Als Erwachsene kam mir manchmal der Gedanke, dass es während dieser Zeit doch bestimmt mal einen Moment gegeben haben musste, in dem man in Erwägung gezogen hatte, die Nationalhymne umzuschreiben, um Mandela darin zu erwähnen. Ich bin mir ziemlich sicher, dass irgendwo im Machtzentrum jemand saß und darüber nachdachte, die Nationalhymne Mandela zu widmen, weil auch alles andere Mandela gewidmet wurde.

Vielleicht hätte die Nationalhymne dann so geklungen:

Mandela sikelel' iAfrica
Maluphakanyisw' uphondo lwayo,
Yizwa imithandazo yethu,

Tata, sikelela,
Thina lusapho lwayo.
Madiba boloka setjhaba sa heso,
O fedise dintwa le matshwenyeho ...

»Mandela, segne Afrika. Möge sein Geist aufsteigen. Erhöre auch unsere Gebete. Vater, segne uns, deine Familie, Madiba, beschütze dein Volk. Beende du Kriege und Zwistigkeiten ...«

Die späten Neunziger waren wirklich eine interessante Zeit. Das Leben in Meadowlands war aufregend. Die Straßen waren voller sorgloser Kinder, die Diketo und Bathi spielten, ohne Angst um ihre Zukunft zu haben, weil es überhaupt keinen Zweifel gab, dass uns eine sichere Zukunft bevorstand. Der ANC war an der Macht, und nichts und niemand konnte diese unsere Vormachtstellung wieder bedrohen und uns wegnehmen. Bei uns zu Hause lief es auch sehr gut. Meine Onkel sahen glücklicher aus als je zuvor. Ali, der jüngere der drei, hatte angefangen, auf der Straße Würfel zu spielen, obwohl es ihm daheim nicht an Geld mangelte. Meine Mutter stellte sicher, dass alle in unserem Haus gut gekleidet und immer satt waren. Zu dem Zeitpunkt besuchten Ali und Vina die Kelokitso-Gesamtschule in Zone 9, keine fünfzehn Minuten von zu Hause entfernt. Schon lange mussten sie nicht mehr den langen Weg nach Zone 2 zurücklegen.

Meine Großmutter war sehr zufrieden mit ihrer Arbeit. Sie war mittlerweile befördert worden und war nicht mehr als Reinigungskraft, sondern als Bürohilfe im Kopierraum angestellt. Ihrem Selbstwertgefühl tat das sehr gut. Zu Hause hatte sie viel mehr Elan, und man merkte, dass sie zu jener Zeit glücklich mit ihrem Leben war.

In der Schule machten Tshepiso und ich uns sehr gut. Seit ich von Miss M. das erste Mal geschlagen worden war, war mir das aufgrund von kleinen Vergehen noch Dutzende Male mehr passiert. Ich war immer noch eine sehr fleißige Schülerin, aber nicht mehr daran interessiert, die Lieblingsschülerin der Lehrer zu sein. Meine Angst vor körperlicher Strafe war an dem Tag verschwunden, an dem ich diese harte Strafe dafür erhalten hatte, kein »Professor« vor Kader Asmals Namen gesetzt zu haben. Von dem Tag an hatte ich es mir erlaubt, ein normales Kind zu sein, statt zu versuchen, immer das bravste und unschuldigste zu sein. Zum ersten Mal in meinem Leben konnte ich auch mal ganz alberne Sachen sagen, wie meine Mitschüler, statt immer nur die schlauen Dinge, die ich von meiner Mutter gelernt hatte. Komischerweise störten sich die Lehrer gar nicht daran, dass ich mich so veränderte. Ich war immer noch ihr Liebling, aber jetzt prüften sie auch mein Hausaufgabenheft genauso wie die Hefte der anderen Schüler.

In dieser euphorischen und glücklichen Zeit musste meine Familie leider einen schweren Schicksalsschlag hinnehmen. Dieses Erlebnis hatte einen sehr großen Einfluss auf mich und meine Art, zu denken. Erst Jahre später begann ich zu verstehen, wie dieses Erlebnis mit dem falschen Ideal einer »Regenbogennation« zusammenhing.

Nur die Guten sterben früh

Ich war acht Jahre alt, als sich in unserer Familie diese Tragödie ereignete. Ich erinnere mich noch so deutlich daran, als wäre es gestern gewesen.

Ende 1998 zog meine Familie aus der Hütte in der Sekhwiri Street aus, die über zehn Jahre lang unser Zuhause gewesen war. Wir zogen in ein Haus mit vier Zimmern, nicht weit von unserem ehemaligen Heim in der Tlhomedi Street entfernt. Zum ersten Mal in unserem Leben hatten wir ein eigenes Haus. Aus Backstein! Es gab zwei Schlafzimmer, eins für die Frauen und eins für die Männer. Meine Onkel schliefen in dem kleineren Schlafzimmer, das noch nicht mal besonders klein war. Das große Schlafzimmer hatte ein Doppelbett und ein Einzelbett. Tshepiso, meine Mutter und ich schliefen in dem großen Bett und Großmutter in dem kleinen. Ein riesengroßer Holztisch nahm den meisten Platz im Esszimmer ein. Darum herum standen acht schwarze Plastikstühle. So konnten wir alle gemeinsam zu Abend essen. Als wir noch in der Hütte gelebt hatten, war das nie gegangen, weil sie so klein war, dass man sich kaum darin bewegen konnte, wenn alle daheim waren. Im Esszimmer stand außerdem ein Fernseher. Das war auch etwas Neues für uns. Noch nie zuvor hatten wir einen Fernseher besessen. Meine Mutter war bis dahin immer zu ihrer Freundin Sibongile gegangen, um fernzusehen, und meine Onkel hatten ebenfalls ihre Freunde in der Nachbarschaft besucht. Tshepiso und ich waren sehr selten in den Genuss gekommen; höchstens mal, wenn wir bei Freunden übernachteten.

Der Umzug in die Tlhomedi Street ist eine meiner glücklichsten Kindheitserinnerungen. Wir lebten nun nicht mehr in einer Hütte, die im Sommer glühend heiß und im Winter eiskalt war. Wenn wir nachts aufs Klo mussten, brauchten wir nicht länger einen Eimer zu benutzen und dafür erst mal über die Köpfe der vielen schlafenden Bewohner zu steigen, sondern konnten auf ein richtiges WC gehen, das direkt hinter dem Haus war. Das neue Haus war gar nicht weit weg von unserer alten Nachbarschaft, sodass wir unsere Freunde behalten konnten. Jeden Morgen gingen Tshepiso und ich die paar Hundert Meter zur Sekhwiri Street, um Ntswaki abzuholen und dann gemeinsam zur Schule zu gehen. Mittlerweile war Dipuo auf eine Schule gewechselt, die näher an unserer lag, sodass auch sie morgens mit uns ging und nachmittags auf uns wartete. Nach der Schule gingen die beiden heim und zogen sich um und kamen dann mit zu uns nach Hause, wo auch wir die Kleider wechselten und Socken und Blusen unserer Schuluniformen wuschen. Danach aßen wir entweder alle bei uns oder bei unseren Freunden zu Hause. Wir zogen es vor, im Tlhomedi zu essen, wie wir unser Haus nannten. Meine Großmutter brachte öfter Reste aus dem Büro mit, die bei Konferenzen und Meetings übrig geblieben waren, und meine Mutter kaufte auch immer leckere Sachen ein. In unserem Kühlschrank gab es immer Käse und Mortadella, eine Delikatesse in der Township.

Unser Haus war stets voller Leute; entweder waren unsere Freunde oder die Freunde meiner Onkel da, die auch nach der Schule mit zu uns zum Essen nach Hause kamen. An Wochenenden richtete meine Mutter manchmal Feste mit ihren Freunden aus, die sie »Küchenpartys« nannten. Alle brachten Salate oder andere Snacks mit und saßen den ganzen Nachmittag im Garten. Dann wurde zu Liedern von Brenda Fassie gesungen und getanzt.

Während der Schulferien besuchten meine Mutter, meine Großmutter, Tshepiso und ich oft unsere Verwandten im Freistaat. Meine Großmutter hatte sich mittlerweile wieder mit ihrer Familie versöhnt. Also machte meine Familie Urlaub in Parys oder in Kroonstad im Freistaat, weshalb ich diesen Ort auch immer noch als mein zweites Zuhause ansehe. Meine Onkel mochten den Freistaat nicht besonders; für sie war es dort zu ländlich. Sie hatten die typische Einstellung von Teenagern, die in der Township aufwuchsen. Alles, was nicht so war wie das Leben in der Township, fanden sie zu ländlich oder zu langweilig. Teilweise musste ich ihnen zustimmen. Das Leben in Kroonstad und Parys war völlig anders als in Soweto. Man weckte uns sehr früh am Morgen auf, damit wir Wasser von einem Brunnen holten, der etwa eine Stunde von zu Hause entfernt war. Wenn wir zurückkamen, bereiteten die älteren Mädchen das Frühstück zu, während die anderen den Hof fegten und die Hühner fütterten. Einer der Jungs machte ein Feuer und kochte Wasser, das zum Baden und für den Tee benutzt wurde. Nach dem Frühstück wurde das Geschirr abgewaschen, und dann spielten wir in der Wildnis. Manchmal fanden und töteten wir kleine Schlangen und andere Tiere im Busch. Manchmal gingen wir auch zum Fluss, um zu schwimmen, oft ohne Badeanzüge. Bei Sonnenuntergang waren wir wieder zu Hause, wo die älteren Mädchen das Abendessen zubereiteten. Danach saßen wir um das Feuer herum und hörten meiner Urgroßmutter Motjholoko zu, die uns Geschichten über die Vergangenheit erzählte. Ich genoss unsere Zeit im Freistaat, die Ruhe auf dem Land immer sehr. Ich habe mich immer auf unseren Urlaub dort gefreut.

Aus irgendeinem Grund, den ich nie ganz nachvollziehen konnte, sind wir im März 1999 nicht wie üblich in den Freistaat gefahren. Stattdessen blieben wir in Meadowlands mit unseren Freunden, die so gut wie nie irgendwo anders hin in den Urlaub fuhren. Der Monat verging, ohne dass irgendetwas Besonderes passierte – das ganz gewöhnliche Leben in der Township. Vina und Ali waren ständig mit ihren Freunden in den

Straßen unterwegs. Ali würfelte immer noch, und wenn er ganz viel Geld dabei gewann, gab er Tshepiso und mir manchmal je einen Rand. Ein Rand war zu der Zeit viel Geld. Ich konnte mir davon eine Tüte Süßigkeiten, Kekse oder Wassereis kaufen, das damals zehn Cent kostete. Godfrey war kaum zu Hause, aber wenn er bei uns war, herrschte immer gute Stimmung. Er hatte die Schule schon vor längerer Zeit geschmissen und erzählte uns nie, wo er sich aufhielt oder wie er seinen Lebensunterhalt verdiente. Aber wenn er mal wieder nach Hause kam, dann brachte er Geschenke für uns alle mit, Kleider, Schmuck, elektrische Geräte und exotische Nahrungsmittel, die wir bis dahin nur im Fernsehen gesehen hatten. Und jedes Mal, wenn er wieder ging, versprach er Tshepiso und mir, uns nach »Nimmerland« mitzunehmen, wo die Straßen mit Gold gepflastert waren und die Möbel aus verschiedenen Sorten Schokolade gemacht.

Ein paar Monate vor diesem März 1999 war etwas Sonderbares passiert. In einer Nacht Ende Januar war es so ungewöhnlich kalt, dass wir alle früh zu Bett gingen. Wie immer lag ich zwischen meiner Mutter und Tshepiso. Mitten in der Nacht klopfte jemand an unsere Haustür. Meine Großmutter wachte auf, und Vina begleitete sie zur Tür. Draußen stand die Polizei. Meine Mutter, die den Lärm auch mitbekommen hatte, weckte Tshepiso und mich sofort auf und sagte uns, wir sollten so tun, als schliefen wir, bis uns die Polizei aufwecke. Und sollte sie uns aufwecken und auf Godfrey zeigen, der in der Woche bei uns zu Hause übernachtete, und uns fragen, wer er sei, dann sollten wir sagen: »Ab'ti Thabiso.« Wir taten, wie uns befohlen, kuschelten uns wieder in die warmen Decken und gaben uns große Mühe, uns schlafend zu stellen. Wir konnten Stimmen in der Küche hören, die dann von einem Raum zum nächsten wanderten. Zuerst gingen sie zu Alis und Godfreys Zimmer und befragten die beiden. Kurz darauf klopfte es laut an die Tür, und der Schein einer Taschenlampe wanderte durch das

Zimmer. Ein paar Sekunden später ging das Licht an. Die drei stämmigen, verärgert aussehenden Polizisten zogen die Decken von unseren Betten. Verängstigt setzten wir uns auf und rieben uns die Augen. Dann stellten wir uns neben unsere Familie und warteten darauf, vernommen zu werden. Wir mussten jeden unserer Familienmitglieder beim Namen nennen. Zuerst zeigten die Polizisten auf meine Großmutter, und wir sagten »Mama«. Dann zeigten sie auf meine Mutter, und wir antworteten »Puo«, weil wir sie so nannten. Sie gingen vor die Tür, zeigten auf Vina und Ali, und wir antworteten im Chor. Die letzte Person, auf die sie zeigten, war Godfrey, dem man die Angst in den mandelförmigen Augen ablesen konnte. Aber wir wussten, was wir zu sagen hatten, und antworteten glaubhaft »Ab'ti Thabiso«.

Die Verwirrung war den Polizisten deutlich ins Gesicht geschrieben. Wir waren Kinder, und sie konnten uns nicht weiter verhören. Es schien ihnen wohl zu abwegig, dass wir in eine Vertuschung involviert sein könnten. Auf seine übliche entwaffnende Art fragte Godfrey die Polizisten, wen sie zu dieser unchristlichen Stunde suchten und warum. Einer der Polizisten antwortete, dass sie einen jungen Mann namens Godfrey suchten, nach dem im Zusammenhang mit einem ermordeten Polizisten und einem gestohlenen Auto gefahndet wurde. Sie hätten einen anonymen Hinweis erhalten, dass er in diesem Haus wohne, und sie seien hier, um ihn festzunehmen. Godfrey erklärte ihnen ruhig, dass niemand mit diesem Namen hier wohne, und begleitete die frustrierten Polizisten nach draußen, dicht gefolgt von meiner Großmutter in ihrer blauen Decke und Hausschuhen.

Nachdem die Polizei wieder weg war, konnte keiner von uns wieder einschlafen. Die Anspannung im Haus war spürbar. Ich war einfach nur verwirrt, weil ich nicht verstand, was die Polizisten als Grund für ihre Suche nach Godfrey angegeben hatten. Meine Großmutter sah aus, als sei sie in den letzten paar

Minuten um zehn Jahre gealtert. Tshepiso und mir sagte man, wir sollten uns wieder schlafen legen, während meine Mutter und Großmutter sich mit Godfrey unterhielten. Als wir am nächsten Tag aufwachten, packte Godfrey seine paar Sachen zusammen und verabschiedete sich von uns mit einem Kuss und dem üblichen Versprechen, zurückzukommen und uns mit nach Nimmerland zu nehmen.

Am 30. März 1999 war ich zu Besuch bei meiner Großmutter väterlicherseits in Meadowlands Zone 1, als meine Mutter mit ihrem Freund abuti Bathandwa vorbeikam, um mich zurück nach Zone 8 zu bringen. Man bat mich, im Zimmer meines Vaters zu warten, während sich die Erwachsenen unterhielten. Ihrer Körpersprache und ihren Mienen nach zu urteilen, ging es um etwas sehr Ernstes. Ich weiß nicht, wie lange ich gewartet habe, aber irgendwann ging ich raus und traf auf meinen Vater, der gerade ins Zimmer wollte. Alles, was er zu mir sagte, war: »Godfrey o shwele. Ba mo thuntse a nkela maponesa dithunya.« Wie erstarrt blieb ich stehen. Was mein Vater gerade zu mir gesagt hatte, ergab für mich keinen Sinn. »Godfrey ist tot. Er wurde erschossen, als er versuchte, einem Polizisten die Waffe zu entwenden.« Das konnte doch gar nicht wahr sein. Mein Lieblingsonkel konnte unmöglich tot sein. Das letzte Mal hatte ich ihn am Morgen nach dieser kalten Nacht gesehen, in der wir von den Polizisten aufgeweckt worden waren. Soviel ich wusste, war er aufs Land gegangen, in den Freistaat, um bei unserer Familie zu wohnen und so der Polizeifahndung zu entkommen. Warum also war er getötet worden? Und wo?

An dem Abend saß ich bei meiner Mutter auf dem Schoß, während abuti Bathandwa uns nach Hause fuhr. Meine Mutter gab ihr Bestes, sich vor mir zusammenzureißen, aber es entging mir nicht, dass sie schwer mit den Tränen kämpfte. Die zehnminütige Fahrt von Zone 1 nach Zone 8 kam mir wie eine Ewigkeit vor. Abgesehen von den Fahrgeräuschen, war es fast schon unheimlich still im Auto. Ich grübelte unaufhörlich darüber, wie es sein konnte, dass Godfrey tot war. Er hatte mir versprochen, mich mit nach Nimmerland zu nehmen. Er hatte nicht das Recht, einfach so zu sterben, ohne dieses Versprechen eingelöst zu haben. Doch als wir zu Hause ankamen, wurde mir klar, dass die schreckliche Nachricht tatsächlich wahr sein musste. Im Haus wimmelte es von Leuten. Die Freunde meiner Onkel, meiner Mutter und alle unsere Nachbarn waren da und sahen zutiefst erschüttert und traurig aus.

Die Woche ging unheimlich schnell vorbei. Ich erinnere mich kaum mehr an irgendwas, was damals passiert ist. Ich hatte mich bewusst dafür entschieden, sie aus meinem Gedächtnis zu verbannen, weil die Erinnerung daran zu sehr wehtat. Aber in jenen Tagen erfuhr ich, was passiert war. Mein Onkel und sein bester Freund, ein junger Mann aus Zone 9, den man nur als »Voetpaitjie« kannte, waren bewaffnet zum Dobsonville-Einkaufszentrum gegangen, das nicht weit von Meadowlands entfernt war. Ihre Mission war es gewesen, den Wachmännern, die vor den Banken postiert waren, die Waffen wegzunehmen. Die Waffen sollten dann für einen Überfall verwendet werden, den sie geplant hatten. Leider wehrten sich die Wachmänner, als Godfrey sie mit der Pistole bedrohte. Als sie merkten, dass sie keine Chance hatten, flüchteten Voetpaitjie und Godfrey aus dem Einkaufszentrum, doch die bewaffneten Wachmänner verfolgten sie. Die Wachen eröffneten das Feuer auf die fliehenden Täter und verletzten dabei beide. Voetpaitjie wurde in den Fuß geschossen. Aber mein Onkel erlitt schlimmere Verletzungen: Zwei Kugeln trafen seine Wirbelsäule, und eine blieb in seinem Kopf stecken. Die beiden Männer wurden sofort ins Krankenhaus gebracht. Voetpaitjie nahm man direkt fest, nachdem seine Wunde versorgt worden war. Aber Godfrey fiel in ein Koma, aus dem er nie wieder aufwachte.

In der Woche vor der Beerdigung meines Onkels habe ich nicht eine einzige Träne geweint. Und ich war die Einzige in meiner Familie, die in dieser fürchterlichen Woche nicht geweint hat. Ich konnte einfach nicht um ihn trauern, obwohl ich wusste, dass es wichtig für meinen eigenen Seelenfrieden gewesen wäre. Aber eine Woche später schloss ich mich in die Toilette hinter unserem Haus ein, steckte das Gesicht zwischen die Knie und heulte mir die Augen aus. Ich weinte um meinen Onkel und seinen grausamen Tod. Ich weinte um meine Großmutter, die noch ein Kind verloren hatte. Ich weinte um meine Familie und den unerwarteten Schlag, der uns getroffen hatte. Ich weinte um das Nimmerland, diesen magischen Ort, den ich jetzt niemals sehen würde. Aber am meisten weinte ich um Südafrika, denn es hatte einen seiner wundervollsten Söhne verloren. Das war das erste und das letzte Mal, dass ich um einen toten Menschen weinte. Nach Godfreys Tod versiegten meine Tränen. Ich konnte nicht mehr um verstorbene Menschen weinen, auch wenn sie mir noch so nahestanden.

Später verstand ich, dass es in diesem Land viele Godfreys gab: junge Männer, die das Ideal der Regenbogennation aufgegeben hatten und sich in die Kriminalität flüchteten. Man möchte uns oft weismachen, dass Verbrechen nur von schlechten Menschen begangen werden, die keine Achtung vor anderen oder vor dem Frieden haben. Das stimmt aber nicht. Ich will die Taten meines Onkels nicht verteidigen, aber im neuen Südafrika werden Verbrechen oft von jungen Männern und Frauen begangen, die dies als den einzigen Ausweg aus ihrem leidgeplagten Leben sehen. Wenn ein schwarzes Kind sein Bestes tut, um seinen Lebensunterhalt auf ehrlichem Wege zu verdienen, ihm aber die Möglichkeiten einer Ausbildung verschlossen bleiben, oder wenn junge Leute von ihrem Arbeitgeber ausgebeutet werden, dann stehen ihnen nicht mehr viele Optionen offen. In dem südafrikanischen Spielfilm *Gangster's Paradise: Jerusalema* aus dem Jahr 2008 sagt einer der Protagonisten treffend: »Kriminalität ist der am schnellsten wachsende Industriezweig Südafrikas.« Und dieser um sich greifenden Kriminalität werden noch viele Godfreys und Voetpaitjies zum Opfer fallen: junge Männer, die das Pech haben, als Schwarze in Südafrika zur Welt gekommen zu sein.

Die Letztgeborene der Revolution

Der Tod meines Onkels hat eine Leere in mir hinterlassen. Ich habe ihn von ganzem Herzen geliebt. Wir hatten uns zwar nicht besonders nahegestanden, weil er selten zu Hause gewesen war, aber er war immer mein Lieblingsonkel, hauptsächlich, weil er netter zu Tshepiso und mir war als die anderen beiden. Lesley tauchte auch ab und zu mal wieder auf, aber wir sahen ihn eher selten. Vina und Ali waren viel zu sehr mit ihren eigenen Freunden beschäftigt, um uns groß zu beachten. Nicht so Godfrey. Wenn er da gewesen war, dann hatte er Zeit mit uns verbracht und uns Geschichten vom Nimmerland erzählt. Er hatte uns auch gefragt, wie es in der Schule lief, und sich für unser Leben interessiert.

Nach Godfreys Tod veränderte sich meine Familie sehr. Meine Großmutter wurde zunehmend paranoid und beharrte darauf, dass Godfreys Tod ein Muti-Mord gewesen sei, ein Menschenopfer für die Zulu-Medizin. Sie war nicht davon abzubringen, selber eine Sangoma, eine Muti-Heilerin, zu werden. Also zog sie bei uns aus und lebte ein Jahr lang in einer Schule, wo sie zu einer Sangoma ausgebildet wurde. Meine Mutter, die Godfrey am nächsten gestanden hatte, war sehr bedrückt und hatte oft schlechte Laune. Nachdem meine Großmutter uns verließ, musste sie sich alleine um den Haushalt kümmern. Sie arbeitete weiterhin hart und ging ihren politischen Aktivitäten nach. Zusätzlich hatte sie jetzt auch noch die Verantwortung für ihre jüngeren Geschwister und mich. Diese Last wog schwer auf ihr.

Nicht lange nach Godfreys Tod wurde unser Haus in Tlhomedi zwangsgeräumt. Ich weiß nicht mehr genau, wann es war, aber ich erinnere mich, dass wir ein paar Monate später wieder in der Sekhwiri Street waren, ein paar Häuser weiter von der Hütte, in der wir früher gelebt hatten. Wir wohnten jetzt wieder in einer Hütte, diese sogar noch kleiner als die letzte. Das war Anfang 2001. Ich war zehn Jahre alt und gerade mit der vierten Klasse in der Tshimologo-Grundschule fertig. Tshepiso hatte schon in die nächste Stufe gewechselt, wie es nach der vierten Klasse üblich war.

Das war die traurigste Zeit in meiner Kindheit. Die Schmach, von einem richtigen Haus wieder in eine baufällige Wellblechhütte mit Löchern im Dach ziehen zu müssen, war einfach zu viel für mich. Manchmal, wenn wir mit Freunden Streit hatten, zogen sie uns damit auf, dass wir in einer Hütte lebten. Es war sehr demütigend. Tshepiso und ich grenzten uns immer mehr von anderen Kindern ab und trösteten uns damit, dass wir wenigstens noch uns hatten. Ich freundete mich mit zwei jungen Mädchen an, Pepsy und Lerato. Letztere hatte so spindeldürre Arme und Beine, dass wir sie Monang nannten, was »Mücke« bedeutet. Wir hatten nicht viel gemeinsam, aber sie waren anders als meine alten Freunde. Vielleicht lag es daran, dass sie jünger waren, jedenfalls sagten sie nicht so gemeine Sachen zu mir. Ich verbrachte gerne Zeit mit ihnen, und sie waren oft bei uns in unserem neuen Zuhause. In ihrer Gegenwart schämte ich mich nicht dafür.

Eines Nachmittags, als Monang und ich in der heißen Hütte saßen und auf Pepsy warteten, damit wir drei auf dem nahe gelegenen Tennisplatz spielen konnten, fing es heftig an zu regnen. Es schüttete wie aus Eimern. Das löchrige Dach stürzte unter den Wassermassen ein. Wir beide standen geschockt in der gefluteten Hütte und sahen hilflos dabei zu, wie das Wasser das einzige Sofa durchtränkte, das Tshepiso als Bett benutzte. Küchengeschirr und Besteck schwammen auf der Oberfläche des Sees, der nun unsere Hütte war. Das Bett, in dem meine Mutter schlief, stand schon unter Wasser. Das Wasser ging uns mittlerweile bis zu den Knien. Genauso schnell, wie der Regenguss über uns hereingebrochen war, hörte er auch wieder auf. Monang und ich standen im Wasser und betrachteten das Chaos, das um uns herum herrschte. Töpfe und Pfannen waren überall verstreut. Die Koffer, in denen meine Familie ihre Kleider aufbewahrte, waren klitschnass. Meine Schultasche schwamm im Wasser, der Inhalt natürlich ruiniert. Es war ein herzzerreißendes Erlebnis, und zum ersten Mal, seit ich mich mit diesen Mädchen angefreundet hatte, fühlte ich mich völlig gedemütigt.

Monang und ich versuchten, dass Wasser mit Eimern aus der Hütte zu schaffen. Es dauerte Stunden. Vina und Ali kamen irgendwann nach Hause und halfen uns. Nach diesem Tag traf ich mich nie wieder mit Monang oder Pepsy, und irgendwann versöhnte ich mich wieder mit meinen alten Freunden.

Obwohl meine Mutter angesichts der neuen Umstände im Haushalt – nachdem meine Großmutter uns verlassen hatte, um zur Sangoma-Schule zu gehen – recht deprimiert war, gab sie ihre politischen Aktivitäten nicht auf. Zu dem Zeitpunkt hatte sie eine führende Position in der ANC-Jugendliga, ANCYL genannt, inne und engagierte sich auch für die ANC-Frauenliga. Außerdem war sie im Pressebüro des Verbands der südafrikanischen Nichtregierungsorganisationen SANGOCO angestellt. SANGOCO leistete Entwicklungshilfe im ganzen Land. Meine Mutter kam von der Arbeit nach Hause, um für uns zu Abend zu kochen, und ging danach zu ihren Jugendliga-Treffen. Oft nahm sie mich zu diesen Treffen mit.

Als Zehnjährige nahm ich also regelmäßig an den Versammlungen von euch, dem ANC, in Soweto teil. Meine Mutter nahm mich immer zu allen möglichen Veranstaltungen in der Township mit. Zu dem Zeitpunkt studierte mein Vater an der

Universität von Witwatersrand und hatte eine führende Position in der südafrikanischen Studentenvereinigung SASCO inne. Wenn ich nicht mit meiner Mutter in der Mapedi Hall in Meadowlands war, dann war ich mit ihm in Braamfontein und nahm an den Treffen des SASCO und der ANC-Jugendliga teil. In der Township nannte man mich »die Letztgeborene der Revolution«, und wenn meine Mutter ohne mich bei den Treffen auftauchte, fragten die anderen nach mir. Es war nicht so, dass ich bei diesen Treffen irgendetwas tat. Ich saß einfach nur da und hörte den Diskussionen zu, von denen ich überhaupt nichts verstand, und machte nur dann mit, wenn revolutionäre Lieder gesungen wurden. Ein Lied im Besonderen hatte es mir angetan, und wenn Genosse Clifford Sedibe (mittlerweile nannte ich die ANC-Mitglieder wie alle »Genossen«) es anstimmte, dann sang ich, so laut ich konnte, mit:

Comrade MmeMahlangu, Ao botse Solomon
Hore scorpion sena
O na se bona kae.
Comrade MmeMahlangu,
Ao botse Solomon
Hore scorpion sena O na se bona kae.
Thabeng tsa Angola! Thabeng tsa Angola! Tsa Angola
Se ne se ja maBuru!

Ich verstand die Botschaft dieses Liedes nicht. Ich wusste nicht, was dieser Skorpion sein sollte, der die Buren getötet hat. Ich wusste nicht, was Solomon Mahlangu in den Bergen von Angola gemacht hat oder warum seine Mutter gefragt wurde, woher ihr Sohn den Skorpion hatte, der Buren tötete. Aber ich wusste, das Lied berührte mich auf unerklärliche Weise. Es war ein wunderschönes Lied, und Genosse Cliffords Gesichtsausdruck verriet mir: Was auch immer die Botschaft war, sie musste sehr eindrücklich sein. Ich nahm mir vor, dass ich eines Tages herausfinden würde, was das Lied bedeutete, und dass ich es einmal mit derselben Inbrunst wie Genosse Clifford singen würde, wenn ich wie er eine führende Position im ANC innehätte. Später fand ich heraus, dass das Lied einem MK-Soldaten gewidmet ist, der seine Ausbildung in Angola gemacht hatte. Der neunzehnjährige Mahlangu wurde von der Polizei des Apartheidregimes gehängt, nachdem er wegen eines Bombenanschlags in der Goch Street verurteilt worden war.

Das hässliche Gesicht der »Regenbogennation«

Ende 2001 verkündete meine Mutter Tshepiso und mir, dass wir unsere bisherigen Schulen verlassen und von nun an eine gemischte Schule, die jetzt auch Schwarzen offenstand, in einem nördlichen Vorort von Johannesburg besuchen würden. Zu sagen, dass wir vollauf begeistert waren, wäre eine Untertreibung. Seit Jahren beneidete ich die Kinder in meiner Township, die jeden Nachmittag stolz in ihren Model-C-Schuluniformen nach Hause kamen. Die meisten trugen Blazer und Krawatte. Sogar die Mädchen! Sie sahen alle so elegant aus in ihren Uniformen, und schon immer hatte ich wissen wollen, wie es sich anfühlte, eine solche Uniform zu tragen. In kaum einer der Township-Schulen trug man richtige Uniformen mit Blazer und Krawatte. Im Sommer trugen wir Rock und Bluse. Im Winter hatten wir langärmlige Pullover, einen knielangen Trägerrock und Kniestrümpfe oder dicke Strumpfhosen aus Wolle an. Die Jungs trugen graue Hosen und Hemden.

Nachdem man uns gesagt hatte, dass wir nicht mehr in der Township zur Schule gehen mussten, fasste ich sofort den Entschluss, meine langen Haare abzuschneiden und Dreadlocks machen zu lassen. Meine Mutter hatte jetzt seit über einem Jahr Dreadlocks und erzählte uns immer, dass Dreadlocks ein Ausdruck von *blackness* seien. Ich beschloss, dass ich meine kulturelle Identität mit in die weißen Vororte nehmen würde. Ich wollte diese Identität beibehalten, wie auch immer ich von diesem neuen Umfeld beeinflusst würde. Ich hatte erlebt, dass

Kinder in der Township, die diese Schulen besuchten, zu »Kokosnüssen« wurden. So nannten wir Schwarze, die nur von außen schwarz, aber innerlich weiß waren. Und obwohl ich ihre Uniformen und ihr kultiviertes Auftreten bewunderte, fand ich es schockierend, wie schnell sie sich von den weniger privilegierten Kindern abwandten. Sie spielten kaum noch mit uns. Sie versuchten, sich von uns fernzuhalten, so, als ob wir irgendwelche ansteckenden Krankheiten hätten. Und wenn sie sich dann doch einmal dazu herabließen, mit uns zu reden, dann sprachen sie Englisch. Es war immer sehr demütigend, mit ihnen zu reden, denn diejenigen von uns, die in der Township zur Schule gingen, beherrschten Englisch nicht besonders gut, und so murmelten wir irgendeine zusammenhanglose Antwort, beschämt, aber wild entschlossen, ihnen zu zeigen, dass wir nicht schlechter, nicht weniger gebildet waren als sie.

Und so wollte ich gerne in dieser Welt leben, Teil ihrer Welt sein, aber nach meinen eigenen Regeln. Ich wollte ihre Blazer und Krawatten tragen, in ihrem Schulbus zur Schule fahren und genauso würdevoll aussehen wie sie. Aber ich wollte dennoch Malaika Lesego Samora Mahlatsi bleiben, ein Produkt der Township, ein Produkt von Meadowlands Zone 8. Ich wollte verhindern, dass dieser Teil meiner Identität zerstört würde.

Als ich meiner Mutter sagte, dass ich mir Dreadlocks machen lassen wollte, war sie hocherfreut. Sie vereinbarte sofort einen Termin bei ihrem Frisör für mich. Aber der Termin war erst in einer Woche, und ich war so ungeduldig, dass mir das zu lange vorkam. Also ging ich zu einem älteren Jungen in der Nachbarschaft, Veli, der in einem Frisörsalon arbeitete, aber seine Dienste auch in der Nachbarschaft anbot. Veli bot an, sofort loszulegen, und schnitt den Teil meiner Haare ab, den ich früher mal mit Haarglättungsmittel hatte entkrausen lassen. Die nachgewachsenen Locken ließ er stehen und drehte sie zu Dreadlocks. Einen Tag darauf sah mein Haar katastrophal aus. Meine Mutter war natürlich überhaupt nicht begeistert.

Als Tshepiso und ich unseren Freunden mitteilten, dass wir in eine gemischte Schule wechseln würden, freuten sie sich sehr für uns. Insbesondere mit Dipuo und Ntswaki hatten wir solch enge Freundschaften geschlossen, dass wir niemals aufeinander eifersüchtig waren. Wir hatten uns alle sehr lieb und waren unzertrennlich. Es war eine glückliche Zeit, nachdem wir diese schreckliche Trauer und Verzweiflung überwunden hatten.

Anfang 2002 wechselten Tshepiso und ich also auf die Melpark-Grundschule in Melville, einem wunderschönen, von Menschen unterschiedlichster Herkunft bewohnten Stadtteil im Nordwesten von Johannesburg. Die Melpark-Grundschule war völlig anders als Tshimologo. Es war ein dreistöckiges Gebäude mit vier Klassenzimmern in jedem Stockwerk, die alle für die letzten beiden Grundschulklassen bestimmt waren. Die jüngeren Schüler waren in einem anderen Gebäude mit eigenem Pausenhof untergebracht. Die Eingangshalle war sehr beeindruckend, mit großen Türen, die zu einer ruhigen Straße führten. Das Büro des Rektors und das der Schulverwaltung waren im selben Gebäude. Es gab ein Krankenzimmer für Jungs und ein separates Krankenzimmer für Mädchen. Daneben lag das Lehrerzimmer mit Küche. Hinter dem Gebäude gab es einen riesigen Pausenhof. Gegenüber befand sich eine große Aula für wöchentliche Versammlungen und andere Veranstaltungen. Neben der Aula gab es einen Kiosk, wo man in der Pause Getränke und Snacks kaufen konnte. Das Musikzimmer befand sich auch am anderen Ende des Pausenhofs, in der erforderlichen Entfernung zu den Klassenzimmern, aber neben dem Computerraum. Dieser hatte damals dreißig Computer, genug für eine ganze Schulklasse. Hinter dem Pausenhof gab es noch einen Lapa, einen offenen Pavillon, für Schüler, die in der Pause nicht auf den Bänken beim Sportplatz sitzen wollten. Der Sportplatz hatte einen Korbballplatz, ein Fußballfeld, ein

Softballfeld und eine Aschenbahn. Ich hatte noch nie so eine wunderschöne Schule gesehen, noch nicht mal im Fernsehen. Als Tshepiso und mir das Schulgelände gezeigt wurde, konnten wir es nicht lassen, die Schule mit Tshimologo und Retlile zu vergleichen, wo es keinen richtigen Sportplatz gab, keinen großen Pausenhof, keine Aula, kein Musikzimmer und keinen Computerraum. Wir konnten nachvollziehen, warum die Kinder in unserer Nachbarschaft, die eine solche Schule besuchten, sich uns überlegen fühlten. Die Privilegien, die sie genossen, waren unglaublich und sehr exklusiv.

Aber der erste Monat in meiner neuen Schule war ein einziger Albtraum. Die anderen Schüler in meiner Klasse waren schon seit der ersten Klasse zusammen. Sie kannten sich also schon seit vielen Jahren, und es hatten sich enge Cliquen entwickelt, in denen es keinen Platz für jemand Neuen gab. Ich sprach nicht besonders gut Englisch – es fiel mir schon schwer, einen ganzen, zusammenhängenden Satz herauszubringen. Schlimmer noch, ich wirkte wie ein Fremdkörper in dieser Klasse. Ich war ein sehr dunkelhäutiges Kind mit einem Kopf voller wilder Dreadlocks. Zu der Zeit machte man nicht viel anderes mit Dreadlocks, als sie zurückzubinden oder zu einem Zopf zu flechten. Das Problem war aber, dass meine Dreadlocks nicht lang genug waren, um sie zusammenzubinden. Also standen sie einfach nur wild vom Kopf ab und wirkten sehr ungepflegt. Die Mädchen in meiner Klasse sahen hingegen alle sehr ordentlich aus und hatten ihre geglätteten Haare zum Dutt frisiert oder sorgfältig geflochten. Manche hatten sogar lange Zöpfe oder Pferdeschwänze aus künstlichem Haar. Am ersten Tag, als ich vor meinen neuen Klassenkameraden stand, war ich das reinste Nervenbündel. Noch nie zuvor hatte ich mich in meiner eigenen Haut so unwohl gefühlt. Ich fühlte mich hässlich und war mir sicher, dass die anderen Kinder mich für eine armselige Kreatur hielten, über die man sich lustig machte. Ich war so glücklich, als die Glocke die Mittagspause ankündigte. Ich lief aus dem Klassenzimmer und suchte nach Tshepiso. Als ich sie fand, nahm sie mich in ihre dünnen Arme. Sie hatte genau dasselbe erlebt und verstand, wie ich mich fühlte.

Wieder zu Hause in der Township, fragten uns alle ganz aufgeregt nach dem ersten Tag in der Model-C-Schule. Ntswaki und Dipuo wollten wissen, wie es sich anfühlte, mit Weißen und Indern in einer Klasse zu sein. Sie wollten wissen, wie es war, weiße Lehrer zu haben und schöne Klassenzimmer ohne kaputte Stühle und zerkratzte Pulte. Sie hatten genauso wie wir bis zu diesem Tag davon geträumt, eine gemischte Schule zu besuchen, in der Schüler Blazer und Krawatten trugen. Es war ein Traum, den viele Kinder in der Township hatten. Und jetzt durften Tshepiso und ich endlich diesen Traum leben. Doch das Glücksgefühl, das ich erwartet hatte, wollte sich einfach nicht einstellen. Ich fühlte mich in dieser Welt total verloren und fand den Weg zu mir nicht mehr zurück. Ich konnte mich mit der Oberflächlichkeit und der Monotonie meines neuen Lebens nicht anfreunden. Sie erdrückten mich, und ich wollte da weg. Aber ich wagte natürlich nicht, jemandem davon zu erzählen, und schon gar nicht meinen Freunden. Ich hatte Angst, dass sie meiner Mutter davon erzählen könnten, die wiederum am Boden zerstört sein würde.

Dass wir jetzt in Melpark waren, lag nicht daran, dass wir unverhofft an Geld gekommen wären. Meine Mutter war immer noch bei der Nichtregierungsorganisation angestellt und war Alleinverdienerin in unserem Haushalt, der aus ihr, Tshepiso, mir, Vina und Ali bestand. Wir lebten immer noch in einer Hütte, derselben, die ein Jahr zuvor beinahe von dem Regenguss zerstört worden wäre. Meine Großmutter war immer noch auf der Sangoma-Schule. Es war sehr schwierig für meine Mutter, uns alle mit ihrem Einkommen durchzubringen, aber sie war fest entschlossen, dass wir nicht länger in der Township zur Schule gehen sollten. Sie wollte uns eine bessere Bildung ermöglichen, damit wir der Armut entfliehen konnten, die vielen Kindern, die nie aus der Township herauskamen, unweigerlich bevorstand. Und sie sagte immer zu uns: »Der ANC hat so hart dafür gekämpft, damit ihr solche Privilegien erhaltet, dass ihr diese Möglichkeiten bekommt, die in der Vergangenheit weißen Kindern vorbehalten waren. Deshalb habe ich mich dem ANC angeschlossen, und ihr beide sollt die Errungenschaften dieses Widerstandskampfes genießen.«

Da konnte ich ihr doch nicht sagen, dass ich diese Errungenschaften nicht wollte! Ich konnte ihr nicht sagen, dass das Privileg, eine gemischte Schule zu besuchen, herzlich wenig bedeutete, wenn ich emotional mit meiner neuen Umgebung nicht klarkam. Ich hatte zu viel Angst, ihr die Wahrheit über das neue Südafrika zu erzählen, das sie sich so sehr für uns wünschte: dass in Melpark reiche schwarze und weiße Schüler den Rest wie minderwertige Kreaturen behandeln und mit ihrem Reichtum angeben. Und so sagte ich nichts.

Die Wochen gingen vorbei, und Tshepiso und ich schlossen doch ein paar Freundschaften mit Klassenkameraden, und obwohl uns die Schule immer noch fremd war, wurde unser neues Leben langsam erträglicher. Dennoch schaffte ich es nicht, mich ganz zugehörig zu fühlen. Mein Englisch wurde langsam besser, und ich brachte gute Noten nach Hause, aber trotzdem fehlte irgendwas, etwas, was ich jeden Morgen vor dem Schultor zurückließ, wenn ich die Schule betrat, und was ich erst wiederfand, wenn ich zurück in Meadowlands Zone 8 war.

Flucht in die Welt der Bücher

Etwa ein Jahr nach unserem ersten Schultag in Melpark wurde beschlossen, dass Tshepiso und ich mit öffentlichen Verkehrsmitteln zu Schule fahren sollten. Der Grund dafür war, dass wir damit Geld sparten. Ein sogenannter Putco-Bus kostete nur halb so viel wie der Schulbus, der uns von zu Hause abholte.

Diese Neuerung bedeutete für uns nichts Gutes. Erstens mussten wir viel früher aufstehen, weil wir ein paar Kilometer zur nächsten Bushaltestelle laufen mussten, die sich in Zone 7 befand. Der zwanzigminütige Weg war im Winter besonders übel, wenn es kalt und neblig war. Einer unserer Onkel begleitete uns immer, um uns zu beschützen. Im Sommer war der Fußmarsch aber auch nicht besser, weil es oft regnete. Auch mit Regenjacke wurden wir nass. Außerdem hatten die Putco-Busse einen strikten Fahrplan. Wenn wir mal zu spät kamen, mussten wir lange auf den nächsten Bus warten und kamen unweigerlich zu spät zur Schule. Kamen wir zu spät, mussten wir nachsitzen. Das geschah während der Mittagspause, also bekamen wir nichts zu essen und mussten bis zur zweiten Pause warten, und bis dahin waren wir schier am Verhungern. Drittens waren die Putco-Busse, weil sie hauptsächlich von Arbeitern benutzt wurden, oft proppenvoll, und wir mussten die ganze einstündige Fahrt von Meadowlands nach Melville stehen. Manchmal ergatterten wir einen Sitz, standen aber während der Fahrt auf, um Älteren den Platz anzubieten. Aber das Schlimmste waren für mich die Predigten, denen wir wohl oder übel zuhören mussten. Aus irgendeinem Grund fanden es Pastoren notwendig, in Bussen zu predigen, und so war an manchen Tagen, meistens montags, ein alter Mann im Bus, der einen richtigen Gottesdienst abhielt, den wir notgedrungen über uns ergehen lassen mussten.

In der Schule war ich weiterhin sehr fleißig. Ich schloss mich den Korbball- und Softballmannschaften an. Im Korbball war ich nicht besonders gut, aber es machte mir sehr viel Spaß, Torhüterin für das U13-Team zu sein. Im Softball schaffte ich es in die erste Mannschaft. Bevor ich in die Melpark-Grundschule gewechselt hatte, hatte ich von dem Sport noch nicht mal gehört. Es ist sehr schade, dass Township-Schulen wenig Sportmöglichkeiten oder zusätzliche Aktivitäten anbieten. In den meisten Schulen in Soweto haben Schüler im Sportunterricht die Wahl zwischen Korbball oder Fußball, und darüber hinaus gibt es oft nur noch den Chor. Dahingegen haben die Model-C-Schüler jegliche Möglichkeiten, von Schwimmen über Klavierunterricht bis zu Schach.

Eines Nachmittags fiel unerwartet das Korbballtraining aus. Ich ärgerte mich, weil ich den Bus verpasst hatte und jetzt zwei Stunden auf den nächsten warten musste. Also beschloss ich, in Melville spazieren zu gehen, um mir die Zeit zu vertreiben. Als ich die Hauptstraße entlangging, fiel mir ein Laden über einer Apotheke auf. Auf dem Schild stand »Bounty Hunters Charity Shop« – ein Secondhand-Laden, der seinen Gewinn für wohltätige Zwecke spendete. Ich überquerte sofort die Straße und lief die Treppe zum Laden hoch. Es war ein sehr kleiner Laden, der dadurch noch enger wirkte, dass sich in jeder Ecke die Kisten stapelten und Regale mit unzähligen Büchern die Wände säumten. Komische Kunstwerke und sonstige Gegenstände standen überall herum. Es herrschte ein komplettes Durcheinander.

Ich ging langsam umher, bedacht darauf, nicht auf irgendwas draufzutreten, was gar nicht so einfach war. Die Luft war abgestanden und roch muffig. Die ganze Atmosphäre war beklemmend. Aber trotzdem war ich von dem Laden fasziniert, fühlte mich von den vielen Schätzen wie magisch angezogen. So viele Bücher hatte ich bislang nur in der Mediathek und Bücherei in der Schule gesehen. Und dort ging ich normalerweise nur rein, wenn ich der Lehrerin, die dafür verantwortlich war, eine Nachricht zu überbringen hatte.

Nur einmal, in meinem ersten Jahr in Melpark, hatte ich meine Mittagspause dort verbracht, um mich vor den anderen Schülern zu verstecken, nachdem es einen peinlichen Vorfall gegeben hatte. Meine Englischlehrerin, Miss M., war an dem Tag in Tränen zum Unterricht gekommen. Alle Schüler waren besorgt und gingen sofort zu ihr, um sie zu trösten. Da ich mich zu dem Zeitpunkt noch ausgegrenzt gefühlt hatte und Miss M. auch noch nicht kannte, saß ich auf meinem Stuhl und beobachtete mit mäßigem Interesse, was vor sich ging. Nachdem sie von allen mit Umarmungen getröstet worden war, beruhigte sie sich wieder. Sie erzählte der Klasse, dass sie so traurig sei, weil ihr Hund die Nacht zuvor in ihrem Stadtteil Brixton von einem Auto überfahren worden und an den Verletzungen gestorben sei. Alle sahen sehr bestürzt aus, manche hatten sogar Tränen in den Augen. Ich aber konnte nicht anders und brach in lautes Gelächter aus. Es schien mir völlig absurd, dass ein Erwachsener um einen Hund weinte. Jemand fragte mich verärgert, warum ich lachte, und ich antwortete: »Wer weint denn um einen Hund? Ein Hund ist doch kein Mensch, also warum sollte man weinen, wenn er stirbt? Das ist doch einfach nur dumm.«

Wutentbrannt stürmte Miss M. aus dem Klassenzimmer. Alle anderen blieben sitzen und sahen mich nur böse an. Ich konnte einfach nicht verstehen, wieso mich alle so sauer anschauten. Es kam mir so albern vor, dass eine Frau, die normalerweise immer so gefasst war wie Miss M., in Tränen ausbrach, weil ein Tier gestorben war. In Soweto starben Hunde andauernd, aber ich hatte noch nie jemanden um einen weinen sehen. Streunende Hunde gab es überall bei uns in der Nachbarschaft. Sie zogen durch die Straßen und suchten nach Essensresten, die sie aus überfüllten Mülleimern zogen. Das war unsere Realität, und ich hatte Probleme damit, nachzuvollziehen, wie andere Menschen für einen Hund so viel empfinden konnten.

Als Miss M. ein paar Minuten später wieder ins Klassenzimmer kam, ging sie direkt auf mein Pult zu und schrie mich an, ich sei herzlos und egoistisch, kalt und gefühllos und hätte einen Platz in Melpark nicht verdient. Ihrer Auffassung nach war die Schule ein Ort für gutherzige Menschen und nicht für gemeine und respektlose wie mich. Mir war das so peinlich, dass sie mich vor meinen Mitschülern schalt, dass ich mich wehrte. Ich schrie zurück, dass es ihr überhaupt nicht zustehe zu sagen, ich gehöre nicht hierher, weil sie nicht meine Schulgebühren bezahle. So ging das hin und her, bis ich schließlich brüllte: »Ihr Weißen seid doch nicht normal! Man stelle sich vor, dass ein normaler Mensch um einen nutzlosen Hund weint!«

Ich wurde aus der Klasse geschmissen. Meine Klassenkameraden waren sauer auf mich. Als die Glocke zur Mittagspause läutete, wusste die ganze Schule von dem Vorfall. Alle hielten mich für einen schlechten Menschen und starrten mich böse an. Ich schämte mich und suchte nach einem Ort, wo ich mich vor den bösen Blicken verstecken konnte. Also verbrachte ich meine Mittagspause in der Bibliothek. Ich las nichts. Ich saß einfach nur da, starrte in die Luft und ging den Vorfall wieder und immer wieder im Kopf durch. Es verstand sich von selbst, dass ich nicht wieder in den Unterricht zurückkehren konnte, bevor ich mich öffentlich und privat bei Miss M. entschuldigt hatte. Es war die erste von vielen Entschuldigungen, die ich in Melpark aussprechen musste.

Jetzt, als ich im Bounty-Hunters-Laden umherging, fielen mir die Titel der vielen Secondhand-Bücher auf, die in den Regalen standen. Sie faszinierten mich, und ich fing an, mir die Klappentexte durchzulesen, die unzählige großartige Geschichten versprachen. Manche der Wörter verstand ich nicht, aber dennoch nahm ich ein Buch nach dem anderen zur Hand und las mir durch, was auf der Rückseite stand. Ich verbrachte wohl eine gute Stunde damit, bis ich ein Buch fand, das von einem gewissen David Morrell geschrieben war. Der Titel des Buchs, *Blutschwur*, sprach mich nicht sonderlich an, aber die Geschichte hörte sich interessant an. Ich wollte dieses Buch sehr gern lesen. Auf meine Nachfrage schlug die müde aussehende Verkäuferin an der Kasse die erste Seite auf, wo der Preis mit Bleistift geschrieben stand, und sagte mir, dass es zwei Rand koste. Ich sprang fast in die Luft vor Freude. Ich war über eine Stunde in dem Laden gewesen und hatte die Klappentexte vieler Bücher durchgelesen, hatte aber nicht gemerkt, dass der Preis immer oben auf der ersten Seite stand. Ich ging wieder zu dem Regal zurück, in dem ich *Blutschwur* gefunden hatte und schaute nach, was die anderen Bücher kosteten. Das teuerste Buch dort war eine Lexika-Reihe im Schuber, die gerade mal zehn Rand kostete!

Ich hatte noch etwas von meinem Taschengeld über. Meine Mutter gab uns jeden Tag zwei Rand, die wir nicht wirklich brauchten, weil wir unser Mittagessen, eine Flasche Saft und Snacks wie Joghurt, Chips und Obst mit zur Schule nahmen. So sparte ich jede Woche ein bisschen von meinem Taschengeld auf. Die vier Bücher, die ich an diesem Tag kaufte, waren die ersten Romane, die ich in meinem Leben las, und sie änderten alles für mich. Die Bücher waren *Blutschwur* von David Morrell, *Attentat* von Jeffrey Archer, *Die Liebe eines Sommers* von Danielle Steel und *Dunkler als die Nacht* von Michael Connelly. Es waren keine revolutionären Bücher. Ihre Inhalte waren überhaupt nicht ideologisch. Es war Unterhaltungsliteratur über Urlaubsromanzen und psychotische Attentäter. Aber sie eröffneten mir eine völlig neue Welt und zeigten mir, welche Macht Worte hatten. Ich hatte einen Ort betreten, dem ich nicht mehr den Rücken zukehren konnte, einen Ort, der mich glücklicher machte, als ich je zu träumen gewagt hatte. Ein Spaziergang, den ich aus Frustration über den verpassten Bus unternommen hatte, hatte mich zu meinem Schicksal geführt. An dem Tag wurden Bücher Teil meines Lebens.

Weiß werden will ich nicht

Ein Jahr nachdem wir in die Melpark gewechselt waren, beschloss meine Mutter, dass Tshepiso und ich uns für Wochenend-Schauspielkurse am Johannesburger Jugendtheater einschreiben sollten. Sie versuchte ihr Bestes, um uns von den Straßen der Township fernzuhalten, auf denen schon so viele Opfer von Kriminalität, Drogen und Alkohol geworden waren. Auch die Rate der Teenager-Schwangerschaften war sehr hoch. Tshepiso, die es irgendwie immer schaffte, sich rauszureden, konnte meine Mutter davon überzeugen, dass Theater nicht das Richtige für sie war, also musste ich alleine hingehen.

Ich wusste vom ersten Tag an, als ich in den Schauspielunterricht kam, dass ich jede einzelne Minute davon hassen würde. Ich sah nicht ein einziges schwarzes Gesicht im Raum. Kein einziges. Es war ein Meer aus rotblondem und platinblondem Haar. Es gab lange schwarze, brünette oder sogar karottenrote Haare. Es gab alle möglichen Frisuren, aber Afros oder Dreadlocks gab es nicht. Es gab grüne, blaue und graue Augen. In dem Raum befanden sich Jugendliche wirklich jeglicher ethnischer Herkunft – aber keine Schwarzen. Es war, als ob ich eine völlig neue Welt betreten hätte, einen fremden Planeten, den keine schwarze Person je zu betreten wagen würde. Und ich fühlte mich nicht nur unwohl, wie ich da so einsam im Raum stand. Nein, ich spürte einen Groll in mir, einen Groll auf diese weißen und indischen Kinder, nicht, weil sie mir persönlich irgendwas angetan hätten, sondern weil sie ein so opulentes Leben führten, dass es fast schon vulgär war. Sie wurden in großen Luxusschlitten zum Unterricht gebracht und wieder abgeholt. Sie hatten Feinkost-Sandwiches zum Mittagessen, mit Zutaten, die ich bislang nur in Zeitschriften gesehen hatte. Sie trugen teuren Schmuck und hatten die neusten Handys. Und ich, die einzige schwarze Schülerin, ich hatte kein schickes Handy, ich ging zu Fuß von der Minitaxihaltestelle zum Theater und aß jedes Wochenende Mortadella und Käse zu Mittag. Und dennoch zählte ich in der Township zu den privilegierten Kindern! Diese Ungerechtigkeit machte mich wütend und feindselig gegenüber diesen Schülern und Lehrern, von denen keiner schwarz war.

Nichts am Jugendtheater gefiel mir, es stand für alles, was ich verabscheute. Die elitäre Einstellung dort war sogar noch zehnmal schlimmer als in Melpark. Und dieses Mal konnte ich meine Gefühle meiner Mutter gegenüber einfach nicht verbergen. Eines Nachmittags kam ich nach Hause und sagte ihr, dass ich nächstes Wochenende nicht mehr hingehen würde. Meine Mutter ließ sich davon natürlich überhaupt nicht beeindrucken. Sie sagte mir, dass ich sehr wohl weiterhin zum Unterricht gehen würde. Mehr noch, ich würde lernen, daran Freude zu haben. Sie bezichtigte mich, ein undankbares Kind zu sein, das nicht zu würdigen wusste, was sie alles für Anstrengungen unternahm, damit ich ein besseres Leben haben würde. Diese Debatte konnte ich nicht gewinnen. Ich musste wohl oder übel zum Theaterunterricht zurückkehren und mit den langweiligen und hochnäsigen Kindern dort klarkommen.

Ein paar Monate vergingen, ohne dass irgendwas passierte. Dann teilte uns der Regisseur des Jugendtheaters eines Tages mit, dass es am folgenden Wochenende ein Vorsprechen für ein Theaterstück geben würde. *Dornröschen*. Wir alle sollten für Rollen in diesem Stück vorsprechen. Ich legte mich nicht sonderlich ins Zeug, da ich nicht darauf aus war, eine Hauptrolle zu ergattern. Ich bekam auch keine größere Rolle, musste aber in einer der Szenen eine Bedienstete spielen.

Die Proben waren die reinste Tortur. Allen Beteiligten war klar, dass ich keine Lust hatte, an dieser Produktion teilzunehmen, aber niemand hatte den Mumm, mir zu sagen, dass ich mir mehr Mühe geben solle. Rückblickend weiß ich, was für eine paradoxe Situation das war. Die anderen wollten mich nicht verärgern, weil ich schwarz war, und im neuen Südafrika gehen weiße Schuldgefühle Hand in Hand mit weißer Überlegenheit. Weiße haben Angst, uns mit Autorität entgegenzutreten, selbst wenn es um wichtige Dinge geht, weil sie befürchten, dass es von Schwarzen als Rassismus ausgelegt wird. (Und meistens ist es das auch.) Andererseits blieb ihnen nichts anderes übrig, als mir eine Rolle in dem Stück zu geben, weil sonst keine Schwarzen in der Besetzung gewesen wären und es so gewirkt hätte, als seien sie rassistisch. (Und die meisten von ihnen waren es auch.) Sie waren alle sehr nett zu mir, und ich war nicht gerade unfreundlich, versuchte aber auch nicht, mich in die Gruppe zu integrieren. In den Pausen saß ich irgendwo alleine und las oder ging auf dem begrünten Gelände spazieren, sammelte Kieselsteine auf und ließ sie durch die Luft fliegen. Ich hatte keine Probleme damit, allein zu sein. Im Gegenteil, es war mir lieber so.

Eines Nachmittags, nachdem wir den ganzen Morgen lang einige Szenen immer und immer wieder geprobt hatten, war ich völlig erschöpft. Als meine Szene an der Reihe war, in der ich auf die Bühne laufen und vor der bösen Fee Eva auf die Knie gehen sollte, die Dornröschen vergiftet hatte, stolperte ich vor aller Augen. Zwei der Regisseure sprangen sofort von ihren Stühlen auf und schrien mich an. Das ärgerte mich sehr, denn einige meiner Mitspieler hatten sich zuvor ebenfalls Patzer geleistet, deshalb konnte ich nicht verstehen, warum man ausgerechnet mich anschreien musste. Ich starrte sie böse an, schimpfte vor mich her und rannte vor Wut schäumend von der Bühne. Ein paar Minuten später kamen die Regisseure zu mir. Einer von ihnen liefen die Tränen aus den großen blauen Augen. Sie versuchte, mich in den Arm zu nehmen, aber ich drehte mich weg. Ruhig redeten sie auf mich ein und baten mich, mit ins Büro zu kommen. Zögerlich folgte ich ihnen. Beide entschuldigten sich bei mir. Der zweite Regisseur erklärte mir, dass sie einfach nur müde seien und einen schlechten Tag hätten. Daraufhin antwortete ich, ohne nachzudenken: »Ich bin auch müde, und ich habe auch einen schlechten Tag, aber ich lasse es ja auch nicht an Ihnen aus.«

Das war das zweite Mal, dass ich einer weißen Person so schnippisch Kontra gegeben habe. Wenn ich jetzt daran zurückdenke, dann fällt mir auf, dass ich Weißen gegenüber nie ein Blatt vor den Mund genommen habe, wenn es darum ging, meine Gefühle auszudrücken. Das hatte mit meiner Erziehung zu tun. Viele Jahre lang war ich von Männern und Frauen umgeben gewesen, die ihre schmerzhafte Vergangenheit offen diskutierten. Sie diskutierten die Brutalität, mit der Schwarze von Weißen während der Apartheid bevormundet worden waren, die Brutalität, mit der sie wie Tiere behandelt worden waren. Ich bin schon als Kind zu Demonstrationen mitgenommen worden, bei denen Lieder gesungen wurden, in denen es um die Grausamkeit der Weißen ging. Ich bin quasi so sozialisiert worden, mich gegen weiße Autorität aufzulehnen.

Nach diesem Vorfall sagte ich meiner Mutter, dass ich nicht wieder zum Jugendtheater zurückgehen würde, selbst wenn sie mich deshalb verprügeln würde. Als sie wissen wollte, wieso, schaute ich ihr direkt in die Augen und antwortete mit erhobenem Kopf: »Weil ich es leid bin, in Theaterstücken über weiße Dornröschen mitzuspielen und Lieder von Westlife zu singen. Ich will damit nichts zu tun haben. Schreib mich bei einem Laientheater hier in der Gemeinde ein, wo ich wenigstens Brenda-Fassie-Lieder singen und in Stücken spielen kann, die etwas mit meinem Leben zu tun haben. Wo es um unsere Kultur geht, nicht um die Kultur der Weißen.«

Sie stritt sich nicht weiter mit mir. Stattdessen schaute sie mich müde an und sagte: »Okay, Lesego.«

Meine erste Berührung
mit der Zivilgesellschaft

Mein letztes Jahr in Melpark war ein Wendepunkt in meinem Leben. Es war das Jahr 2004, und in der Schule lief es glänzend. Ich wurde zur Schülervertreterin gewählt und war leitende Schüleraufsicht in der Mediathek und Bibliothek. Ich war auch Klassensprecherin und spielte in der ersten Mannschaft des Korbballteams, des Softballteams und neuerdings auch des Fußballteams. Außerdem nahm ich an allen Aktivitäten teil, die zusätzlich angeboten wurden: Volkstanz, Chor, Debattier- und Schreibclub. Meine Noten waren hervorragend. Obwohl ich vor zwei Jahren kaum Englisch gesprochen hatte, war ich in diesem Fach mittlerweile Jahrgangsbeste. Ich konnte einen zweiseitigen Aufsatz in weniger als neunzig Minuten schreiben. Englisch wurde mein Lieblingsfach. Aber auch Biologie und Gemeinschaftskunde machten mir besonders viel Spaß. Letzteres sollte auch eins meiner Lieblingsfächer in der Highschool werden. Ich hatte den Kulturschock überwunden und akzeptierte Melpark als Teil meines Lebens.

Meine Mutter musste wohl im vergangenen Jahr gemerkt haben, dass ich den Übergang von der Township in die Welt der Weißen weder einfach noch aufregend fand. Nach der schlechten Erfahrung mit dem Jugendtheater meldete sie mich für Tanzstunden bei dem bekannten Choreografen Somizi Mhlongo an, den ich aus dem revolutionärem Film *Sarafina!* kannte, in dem es um die Studentenaufstände in den Siebzigern geht. Und so fuhr ich jeden Samstagmorgen mit dem Bus nach Witwatersrand, wo ich bis in den Nachmittag Tanzunterricht hatte. Ich lernte Ballett, modernen Tanz und Stepptanz. Der Unterricht baute mein Selbstbewusstsein sehr auf. Ich war die Jüngste in der Klasse und bekam die meiste Aufmerksamkeit von Somizi und den anderen Schülern, die fast alle professionelle Tänzer waren. Sie waren alle in mich vernarrt. Wenn sie mich anschauten, dann sahen sie ein »süßes, pummeliges« kleines Mädchen, und kein dunkles, dickes Kind. So, davon war ich längst überzeugt, sahen mich nämlich meine Klassenkameraden. Manchmal luden mich Somizi und sein Partner Uncle Tom nach dem Unterricht zu McDonald's oder zu Milky Lane auf ein Eis ein. Wir besuchten auch öfter eine Freundin von ihnen, Sharon Dee, in Northcliff. Sie war eine Berühmtheit in der Kwaito-Szene. Ihr Lied *Local is Lekker* war mal ein sehr beliebter Song in der Township gewesen. Ich befand mich in der Gesellschaft von tollen Menschen, denen ich am Herzen lag und die mir dabei halfen, mich besser in eine Welt zu integrieren, mit der ich meine Schwierigkeiten hatte.

In der Zwischenzeit war Großmutter aus ihrer Sangoma-Schule zurückgekehrt und wohnte wieder bei uns. Ihren alten Job beim Kagiso-Trust bekam sie nicht zurück, also arbeitete sie wieder »in der Küche«, dieses Mal für eine jüdische Familie in Dunkeld, einem reichen Vorort im Norden von Johannesburg in der Nähe von Hyde Park. Meine Großmutter war nur noch ein Schatten ihrer selbst und wirkte sehr resigniert. Meine Onkel hatten ihr Abitur bestanden und gingen jetzt aufs College. Ali, der jüngere der beiden, studierte an der Kunstakademie, der Federated Union of Black Arts. Dort machte er ein Diplom in Schauspiel und Regie. Vina studierte Maschinenbau. Meine Mutter musste eine immer größere finanzielle Last tragen, aber sie wollte, dass wir alle eine gute Ausbildung genossen, die uns erlaubte, der Armut in der Township zu entkommen.

Seit ihrer Zeit in der Studentenbewegung war meine Mutter politische Aktivistin mit Herz und Seele. Sie erzählte uns immer, dass es ihre Berufung sei, Aktivistin zu sein. Aus diesem Grund wollte sie ausschließlich für Nichtregierungsorganisationen arbeiten, weil sie überzeugt war, damit einen Betrag zum Wandel unserer Gesellschaft leisten zu können. Während meines letzten Schuljahrs in Melpark war sie immer noch im Pressebüro bei SANGOCO angestellt. Das SANGOCO-Büro befand sich in Braamfontein, keine fünfzehn Minuten von Melville entfernt.

Statt nach meinem Tanzunterricht direkt nach Hause zu fahren, nahm ich den Metrobus nach Braamfontein und wartete darauf, dass meine Mutter Feierabend hatte. Dann gingen wir in die Innenstadt und warteten auf ein Minitaxi, das uns zurück nach Meadowlands brachte. Wenn ich manchmal in ihrem Büro auf sie warten musste, dann las ich oder spielte in den Aufzügen und fuhr grundlos auf und ab. Aber eines Nachmittags bat mich Nhlanhla Ndlovu, ein Kollege meiner Mutter, in sein Büro. Ich befürchtete, er würde mich ausschimpfen, weil ich etwas Unerlaubtes getan hätte, aber stattdessen gab er mir einen Stapel Dokumente und fragte mich, ob ich sie durchlesen wolle. Ich nahm sie mit zum Schreibtisch meiner Mutter und ging sie eins nach dem anderen durch.

Es handelte sich hauptsächlich um Artikel, Newsletter und Magazinbeiträge über zwei Konferenzen: den Weltgipfel für nachhaltige Entwicklung und die Weltkonferenz gegen Rassismus. Ich hatte schon vor ein paar Jahren durch meine Mutter von diesen Konferenzen gehört. Sie hatte mir sicher nicht direkt davon erzählt – wahrscheinlich hatte sie sie mit einem ihrer vielen Genossen diskutiert – aber ich hatte trotzdem etwas davon mitbekommen. Außerdem erinnere ich mich, dass sie mal ein paar Tage in Durban gewesen war, um eine dieser Konferenzen zu besuchen – es war die Weltkonferenz gegen Rassismus, wie ich später erfuhr. Ich saß also im Büro meiner Mutter und ging diesen Stapel Papiere durch, bis ich auf ein Dokument stieß, das meine Aufmerksamkeit weckte. Auf der ersten Seite stand groß: *World Children's Prize for the Rights of the Child.*

Das Dokument enthielt Geschichten von Kindern aus der ganzen Welt, die Schlimmes durchmachen mussten, wie Misshandlung und Diskriminierung. Diese Kinder hatten sich aktiv gegen die Ungerechtigkeit gewehrt. In der ersten Geschichte ging es um Xolani Nkosi Johnson, einen südafrikanischen Jungen, der sich unermüdlich gegen die Diskriminierung von HIV-positiven Kindern eingesetzt hat. Nkosi war schon als Ungeborenes von seiner Mutter mit dem HIV-Virus angesteckt und dann von einer weißen Frau namens Gail Johnson adoptiert worden, die eine wichtige Rolle in Nkosis Umgang mit der gefürchteten Krankheit spielte. 2001, am Weltkindertag, wurde Nkosis Haven eingeweiht, ein Hospiz für Mütter und Kinder, die mit dieser Krankheit leben müssen. Ich kannte Nkosi Johnsons Geschichte. Er war ein Schüler in Melpark gewesen. Unsere Lehrer hatten uns alle von ihm erzählt.

Aber die Geschichte, die an diesem Tag einen besonderen Eindruck auf mich machte, war die von Iqbal Masih. Niemals werde ich diese Geschichte vergessen. Iqbal Masih war ein Junge aus Pakistan, den seine Familie schon im Alter von vier Jahren zur Kinderarbeit gezwungen hatte. Die Familie hatte Geld von einem Geschäftsmann geliehen, der eine Teppichfabrik besaß, und der kleine Junge musste diese Schulden dort abarbeiten. Das System, in dem ein Kind die Kreditschulden seiner Eltern abarbeiten muss, wird Peshgi genannt. Das Kind wird natürlich nicht gefragt, es wird einfach in die Fabrik geschickt, wo es wie ein Sklave lebt und arbeitet. Über die Jahre lieh Iqbals Familie mehr und mehr Geld von dem Geschäftsmann, was bedeutete, dass Iqbal immer noch länger in der Fabrik bleiben musste. Die Arbeitsbedingungen waren grauenvoll. Die Kinder – manche erst drei Jahre alt – mussten sechs Tage die Woche Fünfzehnstundenschichten arbeiten. Sie bekamen kaum etwas zu essen. Während der Arbeit an den Webstühlen war es ihnen nicht erlaubt, miteinander zu reden. Wagten sie es dennoch, wurden sie verprügelt. Manchmal wurden sie zur Strafe an den Füßen aufgehängt oder alleine in einen dunklen Raum gesperrt.

Nachdem er sechs Jahre in der Teppichfabrik gearbeitet hatte, erfuhr Iqbal von der Bonded Labour Liberation Front (BLLF), einer Organisation, die sich für ein Verbot von Kinderarbeit einsetzte. Kinderarbeit war in Pakistan eigentlich schon 1992 verboten worden. Iqbal bat den Vorsitzenden der BLLF um Hilfe. Dieser schickte dem Fabrikinhaber Dokumente, die aufzeigten, dass die Regierung diese Art von Kinderarbeit verboten und die Schulden von Familien, die Pegshi als Zahlungsform anboten, getilgt hatte. Iqbal bekam auf diese Weise seine Freiheit wieder. Aber damit war er nicht zufrieden. Er wollte allen anderen Kindern helfen, die immer noch als Sklaven in pakistanischen Fabriken arbeiteten. Als Mitglied der Organisation kämpfte er für die Befreiung anderer Kinderarbeiter in Pakistan und dem Rest der Welt. Dank seinen Bemühungen wurden Tausende Kinder befreit.

Iqbal wurde berühmt. Er bekam Todesdrohungen, wahrscheinlich von denselben Unternehmern, deren Kinderarbeiter er befreite. Am 16. April 1995, im Alter von zwölf Jahren, wurde Iqbal auf offener Straße erschossen, während er gerade mit dem Fahrrad unterwegs war. Die genauen Umstände seines Todes sind bis heute unklar. Sicher ist, dass er ein Märtyrer für eine gerechte Sache war, einer der jüngsten politischen Aktivisten der Welt.

Neben der Buchhandlung, die ich entdeckt hatte, wurde fortan auch das SANGOCO-Büro mein Rückzugsort und auch meine persönliche Bibliothek. Iqbal Masihs Geschichte hatte etwas in mir geweckt. Ich wollte mehr darüber erfahren, wollte die Welt der sozialen Ungerechtigkeit und die Möglichkeiten, sich politisch dagegen zu wehren, besser verstehen.

Abkehr von der ANC-Bewegung

Etwa zur gleichen Zeit, als ich das zivilgesellschaftliche Engagement für mich entdeckte, wurde meine Mutter der ANC-Bewegung langsam, aber sicher überdrüssig. Wir gingen nicht mehr so häufig zu Versammlungen wie früher. Ganz selten noch besuchten wir Veranstaltungen der Jugendliga in Meadowlands. Meine Mutter war nicht mehr in der ANCYL aktiv und konzentrierte sich voll und ganz auf ihre Arbeit bei SANGOCO und den anderen Nichtregierungsorganisationen, für die sie ehrenamtlich tätig war.

Eines Nachmittags, kurz bevor der Wahlkampf für die Parlamentswahlen 2004 startete, wurde mir bewusst, wie unglücklich meine Mutter war. Normalerweise freute sie sich auf den Wahlkampf, doch in diesem Jahr war meine Mutter richtig schlecht drauf. Sie saß allein zu Hause und las irgendeinen Schmöker, während ihre Genossen in der Nachbarschaft von Tür zu Tür gingen, um für ihre Kandidaten zu werben. Als ich sie fragte, warum sie nicht mehr zu den Veranstaltungen ging und beim Wahlkampf für den ANC half, damit ihr die Wahlen gewinnen würdet, antwortete sie, dass sie es leid sei und das Gefühl habe, dass ihr als selbstverständlich ansähet, dass die Armen euch unterstützten.

»Wie meinst du das?«, fragte ich.

Sie antwortete, der ANC würde nicht die richtigen Prioritäten setzen. Ihrer Meinung nach müssten dies genau jene Punkte sein, die eigentlich schon dringlich gewesen waren, als ihr an die Macht kamt: Bildung und Land. Sie war der Ansicht, dass ihr zwar den Weg für einen Wohlfahrtsstaat bereiten würdet, dabei wäre Bildung aber der bessere Ausweg aus der Armut. Sie war sich sicher, dass das Land in einem Jahrzehnt eine Krise von gigantischen Ausmaßen erleben würde, weil nicht genug getan wurde, um das Bildungssystem umzukrempeln.

Ich verstand noch nicht mal die Hälfte von dem, was sie sagte. Ich selber konnte keine Probleme mit dem Bildungssystem feststellen, abgesehen von dem großen Unterschied zwischen Model-C-Schulen und Township-Schulen. Aber dieser Unterschied war für mich nur ein äußerlicher. Die Model-C-Schulen sahen besser aus, waren besser ausgestattet und boten mehr Aktivitäten an. Doch was die Qualität des Lehrplans anging, unterschieden sie sich meines Erachtens nicht besonders. Die Tshimologo-Grundschule war genauso gut wie Melpark. Die Lehrer dort unterrichteten genauso leidenschaftlich, und die Schüler waren hier wie dort eifrige Lerner. Ich brachte dieses Argument vor und behauptete, das einzige Problem sei, dass manche Schulen eine bessere Infrastruktur hätten als andere. Meine Mutter antwortete mit resigniertem Tonfall, dass der Unterschied in der Infrastruktur nicht das Hauptproblem, aber Teil des Problems sei, denn ohne die richtige Ausstattung könnten die Schulen auch nicht ihr ganzes Potenzial ausschöpfen. Schüler in Township-Schulen hätten kaum Computerunterricht und brächten so schlechte Voraussetzungen für den Arbeitsmarkt mit, wo Computer nicht mehr wegzudenken seien. Biologie- und Physikunterricht ohne richtige Labore ermögliche Schülern in den Townships keine Experimente, mit denen sie Lerninhalte besser verstehen könnten. Infolgedessen seien auch die Lernerfolge dort schlechter. Meine Mutter hatte noch weitere Argumente, warum ein Mangel an guter Infrastruktur schlecht für die schwarzen Schüler war, die hauptsächlich Township-Schulen besuchten. Aber das war nicht der Grund dafür, warum sie der Auffassung war, unser Bildungssystem befinde sich in einer Krise. Die Krise, so erklärte sie mir, habe ihre Ursachen im Lehrplan. Meine Mutter fand, dass die Lerninhalte nicht dazu führten, dass die Schüler für sich selber denken lernten und sich kritisch mit Dingen auseinandersetzen konnten. Das Bildungssystem schaffe genau das, was das frühere Bildungssystem geschafft habe: Es produziere Schüler, die nach dem Abschluss im Dienst eines ungerechten Systems stünden, anstatt dass sie dieses System änderten.

Sie legte auch dar, dass die Landfrage nicht mit dem gleichen Enthusiasmus angegangen werde wie zu Zeiten des Widerstandskampfs. Mit traurigem Blick fügte sie an: »Der ANC hat das Land vergessen, Lesego, und dabei war das der Hauptgrund, warum es den Widerstandskampf überhaupt gab ...«

Sie argumentierte, dass der ANC sich zu sehr darauf konzentriere, Sozialwohnungen im Rahmen des staatlichen Programms für Wiederaufbau und Entwicklung zu bauen, statt dem Volk sein Land zurückzugeben: »In den nächsten zwanzig Jahren werden mehr Schwarze in RDP-Häuser ziehen und mehr Weiße Landwirtschaft betreiben, weil nicht genug dafür getan wurde, den Schwarzen ihre gestohlenen Farmen zurückzugeben. Stattdessen wurden billige Wohnungen für sie gebaut.«

Monatelang stritt ich mit meiner Mutter über diese Themen. Jeden Tag kam sie von der Arbeit nach Hause und erzählte mir Geschichten über all das Unrecht, das irgendwo im Land stattfand. Sie führte diese Fälle immer auf etwas zurück, was ihr vom ANC falsch gemacht und worum ihr euch nicht gekümmert hattet. Es war eine sehr deprimierende Zeit. Ich konnte nicht verstehen, was sie sagte. Ich war in einem Umfeld aufgewachsen, das den ANC verehrt hatte. Ich war in einer Familie von ANC-Aktivisten und -Unterstützern großgeworden, und auf einmal erzählte man mir, dass genau dieser ANC jetzt die Wurzel allen Übels sei anstatt die Lösung des Problems.

Als ich 2004 mit der Grundschule fertig war, war meine Mutter längst nicht mehr Mitglied im ANC oder in anderen Organisationen der demokratischen Bewegung. Sie hatte sich entschieden, ihre Mitgliedschaft nicht zu verlängern, und setzte sich jetzt durch ihre Arbeit bei SANGOCO und weitere, ehrenamtliche Tätigkeiten für soziale Gerechtigkeit ein. Sie hatte ihren Glauben an euch verloren. Ich glaubte immer fest daran, dass sie wieder zum ANC zurückfinden würde, schließlich hatte sie euch einmal innig geliebt. Aber das geschah nie. Weder im darauffolgenden Jahr noch im Laufe des nächsten Jahrzehnts. Meine Mutter hatte sich endgültig von einer Organisation abgewendet, die früher ihr Leben gewesen war.

Die Kraft, die wir aus dem erniedrigenden Umstand der Armut schöpften

In Südafrika beginnt das Schuljahr im Januar. Aber ich kam 2005 erst im Februar in die Schule, weil meine Mutter nicht das Geld für die Anmeldung an der Roosevelt-Highschool hatte, die Tshepiso schon seit dem vorherigen Jahr besuchte. Und so waren wir gezwungen, uns nach einer Alternative umzusehen. Die meisten Schulen waren bereits voll, und wir mussten das Bildungsministerium um Hilfe bitten. Schließlich kam ich auf die Florida-Park-Highschool, eine gemischte Schule in einem ehemaligen Afrikaaner-Viertel im Westen von Johannesburg. Obwohl ich enttäuscht war, nicht auf die Roosevelt High gehen zu dürfen, war ich dankbar, dass ich auf eine Schule mit einer guten Ausstattung und guter Infrastruktur gekommen war, viel besser als die Schulen in Soweto, die das Bildungsministerium vorgeschlagen hatte, weil sie näher an meinem Wohnort waren. Zu dem Zeitpunkt war ich über meine nostalgische Sehnsucht nach Township-Schulen schon hinweg. Ich hatte mittlerweile verstanden, dass die Mängel in Township-Schulen dazu führten, dass auch die Bildung entsprechend schlechter war. Und ich wollte eine gute Bildung, denn im letzten Jahr auf der Grundschule hatte ich beschlossen, dass ich Jura an der Universität studieren wollte. Der Grund dafür war, dass ich Präsidentin der Republik Südafrika werden wollte und dachte, da viele Politiker Jura studierten, sollte ich das besser auch tun. Vielleicht hätte ich ja so bessere Chancen, einmal Präsidentin zu werden.

Auf der Florida-Park-Highschool fand ich auf eine Weise zu mir selber, die ich nie für möglich gehalten hätte. Ab der zehnten Klasse durften wir unsere Fächer selber auswählen. Als zweite Fremdsprache wählte ich Setswana, statt mit Afrikaans weiterzumachen. Ich hatte Afrikaans noch nie leiden können. Die Sprache erinnerte mich an die vielen Geschichten meiner Mutter über ihre Kindheit und wie die weißen Südafrikaner die Township-Bewohner piesackten. Ich hasste es, weil es mich an all das erinnerte, woran ich nicht denken wollte. Und ich hasste die eingebildeten Afrikaans-Lehrer, die so taten, als sei ihr Fach das wichtigste überhaupt.

Während meiner Highschool-Zeit zog meine Familie drei Mal um. Zum ersten Mal 2006, als ich in der neunten Klasse war. Meine Großmutter bekam ein RDP-Haus von einer ihrer Verwandten, deren Kinder ihr ein größeres Haus in Dobsonville gekauft hatten. Also zogen wir von der kleinen Hütte in Zone 8 nach Braamfischerville um. Ich hasste unsere neue Nachbarschaft. Im Jahr 2006 war Braamfischer, wie man es kurz nannte, nicht so gut erschlossen wie heute. Strom war immer knapp, und wir mussten uns auf unseren Petroleumherd verlassen, um zu kochen und das Haus zu heizen. Es gab kaum gepflasterte Straßen, und alles war immer sehr staubig. Im Herbst war das am schlimmsten, wenn der starke Wind durch die Straßen fegte, Staub und Dreck aufwirbelte und in die Häuser trug. Braamfischer war auch so weit weg von jeglicher Zivilisation. Es gab kein Krankenhaus und keine Arztpraxis in der Nähe. Die nächste war in Meadowlands im elften Bezirk. Aber das war ein privates Krankenhaus, das niemand von uns sich hätte leisten können. Das nächste Polizeirevier war in Dobsonville und die nächsten Schulen und Geschäfte ebenso. Braamfischer bestand wirklich aus nichts anderem als ein paar kleinen RDP-Häusern, wo die Ärmsten der Armen lebten.

Braamfischer gab der Ungerechtigkeit des Nach-Apartheid-Südafrika ein Gesicht. Hier lernte ich die grausame Realität einer geteilten Gesellschaft kennen. Tausende von schwarzen Familien lebten in Braamfischer unterhalb der Armutsgrenze, und die meisten von ihnen konnten sich kaum das Nötigste zum Leben leisten. Jeden Morgen, wenn ich auf ein Minitaxi nach Florida wartete, sah ich sehr kleine Kinder mit schweren Rucksäcken gegen den Wind ankämpfen. Ihre ausgemergelten Körper schafften es kaum. An ihren Uniformen konnten ich erkennen, dass sie Schulen in Meadowlands Zone 1 besuchten, die fast zwei Stunden Fahrt entfernt waren.

Die Regierung kümmerte sich hauptsächlich um Menschen aus Elendsquartieren und ältere Leute, also war die Gegend voller Arbeitsloser und anderer, die nicht genug Einkommen hatten. Aus dem Grund war die Kriminalitätsrate in der Gegend sehr hoch. Einbrüche und Raubüberfälle gab es zuhauf. Die Einwohner von Braamfischerville hatten bald genug davon und nahmen das Gesetz selber in die Hand. Kriminelle wurden Opfer brutaler Lynchjustiz. Die grausamste Methode war das sogenannte »Necklacing«, die »Halskette«, bei der dem Opfer ein mit Benzin gefüllter Autoreifen um Brust und Arme gelegt und angezündet wurde.

Einen solchen Vorfall musste ich eines Nachmittags mit ansehen, als ich gerade von der Gemeindebibliothek zurückkam, die mein zweites Zuhause geworden war. Unser Haus stand neben einem Feld, das von den Jungs in der Nachbarschaft als Bolzplatz genutzt wurde. Dahinter lag ein Stück Buschland, in dem sich Kriminelle gerne versteckten. Es war groß und führte direkt zu der anderen Seite von Phase 2. Als ich völlig müde und erschöpft an dem Feld vorbeiging, um nach Hause zu kommen, hörte ich lautes Geschrei am anderen Ende des Feldes. Als ich vorsichtig näher heranging, um herauszufinden, was der Grund für den Lärm war, merkte ich, dass sich eine Traube Menschen um etwas gebildet hatte, das wie eine Leiche aussah. Geschockt ging ich zu der Gruppe rüber und fragte jemanden, was passiert war.

»Bamo thuntse a utswa ko ntlung ya batho«, war die Antwort.

Der Mann am Boden sah sehr jung aus, er war vielleicht Anfang zwanzig. Er blutete stark aus einer offenen Wunde am Kopf. Offenbar hatte man ihn auf frischer Tat bei einem Überfall ertappt und niedergeschlagen. Ein blutiger Ziegelstein lag neben ihm und daneben ein alter Autoreifen. Aber der Mann war nicht tot. Mit blutenden Lippen stammelte er ein paar Worte. Er konnte kaum die Augen öffnen, weil sein Gesicht so geschwollen war, so heftig hatte ihm der Lynchmob zugesetzt. Einer aus der Menge trat ihn immer noch in den Bauch, während alle anderen danebenstanden und zusahen. Ich stand da und wartete, was als Nächstes passieren würde, als ein älterer Mann, ein Nachbar von uns, mit einem Kanister Benzin angelaufen kam. Erst dann verstand ich, was gerade geschah. Ich hatte so etwas bislang nur in Filmen und Dokumentationen über die Apartheidära gesehen. Ich hätte mir nie vorstellen können, so etwas einmal mitzuerleben. Der Mob war wie von Sinnen und wartete nur auf das Benzin, um den jungen Mann vor aller Augen zu verbrennen. Ich zitterte vor Angst und wusste, dass ich dabei nicht zusehen konnte. Ich wusste auch, dass die Polizei niemals rechtzeitig vor Ort sein würde, weil es zu dem Zeitpunkt gar kein Polizeirevier in der Nähe gab. Wenn jemand die Polizei rufen würde, müsste sie erst von Dobsonville hierher gelangen, was bei den schlechten Straßen in Braamfischerville eine dreißigminütige Fahrt war. Es war nicht zu verhindern, dass dieser Mann gelyncht und bis zur Unkenntlichkeit verbrannt werden würde. Ich lief, so schnell ich konnte, nach Hause und versuchte, all das, was ich gesehen hatte, zu verdrängen.

Später an dem Abend erzählte mir Ali, dass der junge Mann von den Nachbarn umgebracht worden war. Er wurde genau dort, auf dem Feld, in Brand gesetzt. Junge Leute hatten dabei zugeschaut, manche von ihnen noch nicht einmal Teenager. Keiner hatte versucht, einzuschreiten und diesen sinnlosen

Mord zu verhindern. Als ich Ali darauf ansprach, meinte er nur resigniert: »Lesego, ich finde diesen Mord nicht gut. Ich wünschte mir, dass es eine andere Lösung gegeben hätte. Aber du musst verstehen, dass in Braamfischer die Mittel sehr begrenzt sind. Die Leute hier sind sehr arm, sie haben nichts. Sie versuchen, zu überleben, mit dem wenigen, das sie haben. Diese Kriminellen brechen in ihre Häuser ein und stehlen das wenige auch noch. Es gibt keine Polizei, die ihnen helfen könnte. Selbst wenn man die Polizei ruft, dauert es Stunden, bis sie hier sind. Manchmal kommen sie gar nicht erst. Was wäre passiert, wenn ein kleines Mädchen in dem Haus gewesen wäre, das er ausgeraubt hat? Er hätte sie vielleicht vergewaltigt oder gar umgebracht. Was sollen die Leute in einer solchen Situation denn tun?«

Ich verstand diese Erklärung nicht. Ich wusste, dass sein Argument nicht von der Hand zu weisen war, aber ich glaubte nicht, dass es wirklich keine andere Lösung für dieses Problem gab. Diese Erklärung zu akzeptieren, hätte bedeutet, mich mit diesem und mit weiteren Lynchmorden in der nahen Zukunft abzufinden, sie als unvermeidlich hinzunehmen. Aber ich wollte einfach nicht glauben, dass diese Brutalität, über ein Jahrzehnt nachdem eine neue demokratische Gesellschaftsordnung etabliert worden war, immer noch zum südafrikanischen Alltag gehörte. Ich konnte verstehen, warum *impimpis* während der Apartheid diese drakonische Strafe verdient hatten. Diese Informanten hatten die Revolution verraten und den Widerstandskampf unseres Volkes aufs Spiel gesetzt. Aber im neuen Südafrika, in dem es Hoffnung auf ein besseres Leben gab, wieso war es dort nötig, Menschen bei lebendigem Leib zu verbrennen? Es musste doch einen anderen Weg geben. Es konnte doch nicht sein, dass wir uns aus den Ketten der weißen Unterdrücker befreit hatten, nur um uns gegenseitig aus Hunger umzubringen! Diese Gedanken lasteten schwer auf meinem Herzen, als ich an dem Abend ins Bett ging.

Vorfälle dieser Art passierten in Braamfischer immer wieder, bis schließlich ein kleines Polizeirevier gebaut wurde und Polizisten regelmäßig Streife fuhren, um Einbrüche zu verhindern, die meistens früh am Morgen oder spät abends stattfanden. Außerdem wurde ein neues System eingeführt: Jeder Haushalt bekam eine Pfeife, mit der man Alarm schlagen konnte, wenn jemand einzubrechen versuchte. Wurde mehrmals hintereinander gepfiffen, waren damit die Nachbarn alarmiert, dass jemand in Schwierigkeiten war. Alle Nachbarn pfiffen dann ihrerseits, bis genügend Leute zusammen waren, dass der Einbrecher gefasst werden konnte. Dabei sollte keine tödliche Gewalt angewandt werden. Dann sollte die Polizei gerufen werden, die den Einbrecher festnahm. Durch diese einfache Methode ging die Kriminalitätsrate in meiner Nachbarschaft drastisch zurück. Die Menschen hatten den Krieg gegen die Kriminalität gewonnen. Und vor allem konnte so verhindert werden, dass ein Sohn oder ein Bruder dabei zusehen musste, wie sein eigenes Fleisch und Blut in Brand gesetzt wird.

2007 zog meine Mutter mit meinem jüngeren Bruder Lumumba, der 2003 zur Welt gekommen war, und mir aus Braamfischer weg. Ein paar Monate zuvor hatte ein Streit die Familie entzweit. Das Ergebnis war, dass meine Mutter Lumumba, Tshepiso und mich zu ihren engen Freunden brachte, Mark und Celeste, damit wir nicht weiter mit dem Albtraum konfrontiert wurden, den unsere Familie durchlebte. Die Sache nahm mich sehr mit und prägte mich so ungemein, dass ich seitdem die ganze Zeit versucht habe, sie zu verdrängen, um nie wieder darüber reden zu müssen. Wahrscheinlich steckt dahinter der Wunsch, es ganz aus meinem Bewusstsein zu löschen. Vielleicht werde ich eines Tages in der Lage sein, darüber zu sprechen, aber noch bin ich nicht so weit.

Mark und Celeste waren nach Kapstadt gereist, wo sie ein zweites Haus hatten, und meine Mutter hütete ihr Haus in

Norwood für ein paar Wochen. Das Haus war keine Villa, aber es war recht groß und gemütlich eingerichtet. Für die paar Wochen erlaubten wir vier uns, alles zu vergessen, was sich zu Hause abgespielt hatte, und einfach nur glücklich zu sein. Und tatsächlich waren wir in diesem Haus auch sehr glücklich.

Der Tag, an dem wir wieder nach Hause zurückkehren sollten, war schrecklich. Keiner von uns wollte Norwood wieder verlassen, und ich am allerwenigsten. Ich hatte einen kleinen Geschmack davon bekommen, wie sich Frieden anfühlte, und ich wollte mehr davon. Ich wollte lange Spaziergänge durch die ruhigen Straßen in Norwood unternehmen, wo alte Männer und Frauen in ihren Shorts joggten. Ich wollte zu einem Zuhause zurückkommen, in dem nicht rumgeschrien oder gestritten wurde. Ich wollte meine Mutter lachen und mit uns spielen sehen, an einem Ort, an dem alles in Ordnung war. Ich wollte das, was es in Braamfischer nicht gab, wo man der Familie Mahlatsi den Dritten Weltkrieg erklärt hatte. Aber Norwood war nun mal nicht unser Leben. Es war bloß ein temporäres Asyl gewesen, eine Zufluchtsstätte, wo wir wieder zu Kräften kamen, um das Chaos bei uns zu Hause zu überleben.

Kurz nachdem wir aus unserem Urlaub in Norwood zurückkamen, wurde es daheim immer schlimmer. Es wurde immer offensichtlicher, dass sich die Familie nicht wieder vertragen würde. Meine Mutter beschloss, mit mir und meinem Bruder umzuziehen. Wir zogen in ein Mietshaus in Meadowlands Zone 3, nur eine Straße weiter von dem Haus, in dem meine Mutter aufgewachsen war. Zu dem Zeitpunkt war sie arbeitslos. Nachdem sie bei SANGOCO aufgehört hatte, hatte sie kurze Zeit für das Gender & Trade Network in Africa und dann für Southern Africa Communications for Development gearbeitet, bevor sie bei der Film- und Fernsehproduktionsgesellschaft Sidewalk Productions angestellt wurde. Doch die Firma hatte nicht die Mittel, sie langfristig anzustellen, und so musste sie auch dort wieder aufhören.

Unser Umzug nach Zone 3 war schwierig. Meine Mutter hatte keinen Job. Zone 3 war noch weiter weg von meiner Schule, als es Braamfischer gewesen war. Von Braamfischer aus war ich mit einem Minitaxi nach Florida gefahren; jetzt musste ich umsteigen, weil es keine direkte Verbindung von Meadowlands nach Florida gab. Lumumba konnte auch nicht mehr zur gemischten Kindertagesstätte in Creswell Park gehen. Es wäre einfach zu teuer gewesen, ihn weiterhin dorthin zu schicken, da die Gebühren hoch waren und er aus Zone 3 hätte abgeholt werden müssen. Jetzt ging er in einen Kinderhort in unserer neuen Nachbarschaft, die so ganz anders war, als was er gewohnt war.

Doch unser neues Leben in Zone 3 führte dazu, dass ich eine engere Bindung zu meiner Mutter entwickelte. Wir waren jetzt allein und mussten für uns und für Lumumba stark sein, der viel zu jung war, um zu verstehen, was geschah. Wir hatten so gut wie gar kein Geld. Das bisschen, das meine Mutter und ich verdienten, wurde für Essen und Kleidung für Lumumba ausgegeben, weil wir nicht wollten, dass er merkte, wie arm seine Familie war. Wir wollten, dass er das Gleiche hatte wie andere Kinder auch, sodass er sich ihnen nicht unterlegen fühlte.

Weil meine Mutter kaum genug verdiente, um für meine Schulgebühren und meine Fahrten zur Schule zu zahlen, musste ich selber zusehen, wie ich zu Geld kam. Ich hatte zwei Ideen, die ich in die Tat umsetzte. Die erste: Hausaufgaben und Aufsätze schreiben und an andere Schüler verkaufen. Das war ein sehr lukratives Geschäft, denn damit bediente ich den größten Wunsch meiner »Kunden«: gute Noten bekommen und versetzt werden. Ich wusste, dass es nicht richtig war, aber die Schüler hatten keine Lust, sich selber anzustrengen, und sie wollten trotzdem gute Noten. Außerdem hatten sie viel Geld und ich nicht. Die Nachfrage war da, und ich bot das an, was sie wollten. So verdiente ich genug Geld, um meiner Familie zu helfen, genug zu essen und Notwendiges für den Haushalt einkaufen zu können. Das Aufsatzschreiben ging mir mittlerweile leicht von der Hand. Weil ich so viel las – das Hobby, das ich in Melpark und dem SANGOCO-Büro für mich entdeckt hatte, war immer noch meine Lieblingsbeschäftigung –, war mein Englisch ausgesprochen gut.

Mein Geschäft wuchs schnell. In der zehnten Klasse schrieb ich Aufsätze sowohl für Schüler in meinem Jahrgang als auch für solche in der elften Klasse und für Abiturienten. Ich verdiente Hunderte Rand pro Monat, genug Geld, um jeden Tag den Bus zur Schule zu bezahlen und daheim auszuhelfen. Ich hatte noch eine weitere lukrative Geschäftsidee: Süßigkeiten in der Schule verkaufen. Dazu stellte ich meine drei besten Freundinnen ein, um mir beim Verkauf zu helfen. Kgothatso war sehr gut in Mathe, also war sie für die Buchhaltung zuständig. Mpumi war ein hübsches Mädchen, sehr beliebt bei den Schülern, weil sie immer so nett und adrett war, also war sie für das Marketing beider Geschäfte zuständig. Und Palesa, die auch sehr gut Englisch konnte, half mir oft beim Schreiben von Hausaufgaben und Aufsätzen. Wir machten damit sehr viel Geld. Manchmal gaben wir einfach alles für Kino und Mittagessen aus. Dann waren wir wieder im Minus, aber wir schafften es immer, noch mehr Geld zu verdienen. Obwohl das meiste davon an meine Mutter ging, gab es auch Tage, an denen ich ein normales Kind sein wollte, ohne irgendwelche Sorgen. Ich wollte einfach mal zweihundert Rand im Einkaufszentrum ausgeben, ins Kino gehen oder einen dieser Karrimor-Rucksäcke kaufen, die bei den Schülern so beliebt waren. Ab und zu musste ich mich einfach von dieser Last befreien, mit sechzehn schon Ernährerin zu sein.

Wenn wir mal nicht rechtzeitig genug Geld verdienten, dann sammelten meine Freunde untereinander Geld, damit ich zur Schule und zurück fahren konnte. An diesen Tagen konnte ich zu Hause keinen Beitrag leisten, und wir waren auf *malebese* angewiesen. So nannte man in den Townships die staatliche Armenspeisung. Meine Mutter ging dafür mit einer Zweiliterflasche nach Zone 1, wo sie gesüßte Milch bekam, einen Laib Brot, Erdnussbutter und Marmelade. Wir aßen Malebese zum Frühstück, Mittag und Abendbrot. Wenn wir noch ein paar Rand übrig hatten, dann kaufte meine Mutter Hähnchenschenkel für Lumumba. Es war das günstigste Fleisch, besseres konnten wir uns nicht leisten.

Ein paar Monate später blieb meiner Mutter nichts mehr anderes übrig, als sich in der Privatwirtschaft nach Arbeit umzuschauen. Sie wurde als persönliche Assistentin eines Geschäftsleiters eingestellt. Außerdem arbeitete sie im Kundendienst und als Texterin in einer Werbeagentur. Im Jahr darauf zogen wir nach Dobsonville um, einem Viertel, wo hauptsächlich die untere Mittelschicht lebte und das nicht weit weg von Meadowlands war. Dieser Bezirk von Dobsonville war Ende der Achtziger entstanden, um Wohnraum für die entstehende schwarze Mittelschicht zu schaffen. Und so lebten viele Berufstätige wie Ärzte, Krankenschwestern, Lehrer und Geschäftsleute in diesem Viertel. Wir wohnten in einem wunderschönen pfirsichfarbenen Haus in einer Sackgasse. Es gab sogar einen ganz kleinen Garten, in dem wir bunte Blumen anpflanzten. Das grüne Gras hob sich ab vom Schwarz und Rot der Pflastersteine im Hof. Hof und Garten waren nicht sehr groß, aber groß genug für eine dreiköpfige Familie. Zum ersten Mal in meinem Leben hatte ich ein eigenes Schlafzimmer, das ich mit niemandem sonst teilen musste. Meine Mutter und Lumumba hatten beide auch ein eigenes Zimmer. Meine Mutter und ich hatten sogar jeder einen Einbauschrank. Es gab eine Toilette im Haus und ein zusätzliches Bad sowie eine kleine Küche und ein Wohnzimmer. Dieses Haus sollte ich am längsten mein Zuhause nennen.

Dobsonville war völlig anders als alles, was ich bisher gekannt hatte. Weil hier die Mittelschicht lebte, gab es in dieser

Gegend nicht so viel Randale wie in Braamfischer oder den alten Meadowlands, wo ich aufgewachsen war. Die Bewohner dieser Township blieben lieber für sich, und es trieben sich wenig junge Leute auf den Straßen herum.

Obwohl ich wusste, dass meine Mutter den Privatwirtschaftssektor verabscheute, wusste ich auch, dass sie Armut noch mehr hasste. Sie hasste es, wenn sie meinem kleinen Bruder und mir keine richtige Mahlzeit auftischen konnte. Sie hasste es, dass sie auf mich angewiesen war, um über die Runden zu kommen. Oft hatte sie mir erzählt, dass sie sich wie eine schlechte Mutter fühle, wenn ihre sechzehnjährige Tochter das Geld nach Hause brachte. Als meine Mutter in der Werbeagentur arbeitete, wurde alles besser. Lumumba ging in einen gemischten Kinderhort in Roodepoort, und ich nahm Karateunterricht in Melville, so wie ich viele Jahre vorher Tanz- und Schauspielunterricht genommen hatte. Ich hatte genug Geld, um jeden Tag zur Schule und wieder nach Hause zu kommen. Mein Taschengeld wurde von fünf auf fünfzehn Rand erhöht, was damals immer noch viel Geld war, wenn man sein Mittagessen mit zur Schule nahm. Nach einigen schwierigen Jahren schienen nun tatsächlich bessere Zeiten anzubrechen. Meine Mutter hatte ihr ganzes Leben im zivilgesellschaftlichen Bereich gearbeitet und kannte sich im privaten Sektor nicht gut aus. Sie beschwerte sich über alles: über die Kleiderordnung, der sich ein Angestellter in einem privatwirtschaftlichen Unternehmen unterwerfen musste, die »kalte« Atmosphäre im Büro und am meisten darüber, wie wenig sich die Werbebranche gewandelt hatte. Meine Mutter sprach häufig davon, wie zehn Jahre nach der Einführung einer demokratischen Gesellschaftsordnung immer noch wenige Werbeagenturen im Land von Schwarzen geführt wurden und wie diese Branche von der weißen Elite monopolisierte wurde.

Eure Demokratie ist nur ein leeres Wort, wenn sogar medizinische Versorgung eine Ware ist

Das Jahr 2009 war mein letztes Jahr auf der Highschool und das schwierigste Jahr in meinem Leben. Im Oktober 2008, als ich gerade mitten in meinen Abschlussprüfungen der elften Klasse war, wurde meine Mutter sehr krank. Sie wachte eines Morgens auf und tat das, was sie immer morgens tat: Sie nahm ein Bad und half meinem Bruder, sich für den Kinderhort zurechtzumachen. Danach sagte sie mir, dass sie sich nicht wohlfühle und zum Arzt gehen werde, um sich ein Rezept gegen die schlimmen Kopfschmerzen zu holen, wegen deren sie in der Nacht kein Auge zugetan hatte. Wir verabschiedeten uns voneinander, ohne zu wissen, dass es fast zwei Monate dauern sollte, bis wir uns wiedersähen.

An dem Nachmittag kam ich nach Hause und fand heraus, dass mein kleiner Bruder nach dem Kinderhort zu meiner Großmutter in Braamfischer gegangen war. Das war ungewöhnlich, denn es war mitten in der Woche, und Lumumba musste am nächsten Tag ja wieder in die Kindertagesstätte. Meine Mutter war sehr streng, was seine Anwesenheit im Kinderhort anging, weil sie meinte, dass er vieles nachzuholen habe aus der Zeit, als er im Hort in Meadowlands war, wo man die Kinder kaum förderte. Ich ahnte deshalb, dass etwas nicht stimmen konnte, und befürchtete, dass wir schon wieder unser Zuhause verlassen müssten. Die Erinnerungen an das, was nach Godfreys Tod in Tlhomedi passiert war, kamen zurück, und ich hatte richtig Angst.

Später am Abend rief mich meine Großmutter an und erzählte mir, dass meine Mutter sehr krank sei und man sie in die Klinik in Parktown überwiesen habe. Es war dasselbe Krankenhaus, in dem fünf Jahre zuvor mein Bruder zur Welt gekommen war. Ich machte mir Sorgen, dass sie im Krankenhaus lag, war aber nicht allzu sehr beunruhigt, weil ich sie ja am Morgen noch gesehen hatte und sie nicht wie jemand ausgesehen hatte, der schwer krank war. Meine Großmutter schlug vor, dass ich bei ihr blieb, bis meine Mutter wieder nach Hause kommen würde, aber ich lehnte ab. Ich kam gut alleine zu Hause klar, und ich wollte nicht wieder in das Haus meiner Familie zurückkehren, wo so viel passiert war, das mir noch immer sehr wehtat.

Als aber zwei Wochen vorbeigingen, ohne dass meine Mutter nach Hause kam, bekam ich Panik. Ich hatte nichts von ihr gehört, seit sie ins Krankenhaus gekommen war. Das Einzige, was mich davon abhielt, den Verstand zu verlieren, waren meine Prüfungen. Auf sie musste ich mich voll und ganz konzentrieren, weil ich mich mit diesen Noten für die Universität bewerben musste. Mittlerweile hatte ich mich für einen Bachelor in Naturwissenschaft entschieden. Ich wollte Atomphysik und Umweltwissenschaften studieren. Ich hatte ein Auge auf die Stellenbosch-Universität geworfen, und die hatte sehr hohe Anforderungen. Wenn ich dort einen Platz bekommen wollte, dann musste ich sehr gute Noten haben. Außerdem war mir klar, dass meine Mutter selbst mit dem guten Gehalt von der Werbeagentur sich nicht die Studiengebühren und die Unterkunft auf dem Campus leisten konnte, also musste ich mich um ein Stipendium bewerben und das auch bekommen.

Drei Wochen lang versuchte ich, mich aufs Lernen zu konzentrieren und alles andere auszublenden, aber irgendwann ging das nicht mehr. Ich hatte kaum etwas zu essen im Haus und hatte immer noch nichts von meiner Mutter gehört. Ich rief meine Großmutter an, um zu erfahren, wo genau meine

Mutter lag, damit ich sie am nächsten Tag besuchen konnte. Meine Großmutter sagte mir, dass meine Mutter nicht wolle, dass ich sie besuche; sie wolle nicht, dass ich sie in ihrem schlimmen Zustand sähe.

Als meine Großmutter am nächsten Tag vorbeikam, um mir Essen und Geld für den Schulbus zu bringen, erklärte sie mir, dass meine Mutter in die Psychiatrie eingeliefert worden war, weil sie schlimme Depressionen hatte. Wenn sie nicht sofort medizinische Hilfe bekam, würde sie vielleicht nie wieder ein normales Leben führen können. Sie könnte sogar sterben. Ich war am Boden zerstört, als ich diese Nachricht hörte. Meine Mutter und ich hatten unsere Meinungsverschiedenheiten, und je älter ich wurde, desto häufiger stritten wir uns. Aber ich liebte sie sehr, und der Gedanke, dass ich sie verlieren könnte, machte mir sehr zu schaffen. Doch ich weinte nicht und ließ mir meiner Großmutter gegenüber nicht anmerken, wie sehr mir diese Nachricht zusetzte. Ich machte einfach so weiter wie bisher, und als das Schuljahr zu Ende war, hatte ich es in die Liste der zehn besten Schüler geschafft und einige Prüfungen sogar mit Auszeichnung bestanden.

Zwei Monate nachdem sie ins Krankenhaus eingewiesen worden war, kam meine Mutter nach Hause. Zu dem Zeitpunkt hatte ich mich schon auf das Schlimmste gefasst gemacht. Ich sprang vor Freude in die Luft, als ich nach Hause kam und meine Mutter in ihrem Bett vorfand, eine Zeitung in der Hand. Und zum ersten Mal, seit ich vor drei Jahren aufgehört hatte, zur Kirche zu gehen, dankte ich Gott.

Meine Mutter erzählte mir, dass sie sich, schon Monate bevor sie ins Krankenhaus kam, nicht wohlgefühlt hatte. Sie war oft mitten in der Nacht mit schlimmen Kopfschmerzen aufgewacht. Sie waren so stark gewesen, dass sie noch nicht einmal um Hilfe rufen konnte. Sie meinte auch, dass sie Angst gehabt habe, mir davon zu erzählen, weil sie mich so kurz vor den wichtigen Prüfungen nicht beunruhigen wollte.

Weil sie es sich nicht hatte leisten können, in einem teuren Krankenhaus zu bleiben, hatte sie die Parklane-Klinik nach einer Woche verlassen und war auf die Akutpsychiatriestation der Rand-Klinik eingewiesen worden. Man hatte ihr starke Medikamente verabreicht und sie unter ständige Beobachtung von Pflegern und Ärzten gestellt. Sie war mittlerweile so krank, dass sie noch nicht einmal alleine essen konnte. Meine Großmutter hatte sie täglich besucht, um ihr beim Baden und Essen zu helfen. Sie erzählte mir, dass es eine schreckliche Erfahrung gewesen sei, die sie nicht mal ihrem schlimmsten Feind wünschen würde.

Als sie nach Hause kam, hatte meine Mutter keinen Job mehr. Man hatte sie gefeuert, weil sie nicht auf der Arbeit erschienen war, obwohl sie eine Bescheinigung vom Krankenhaus hatte. Als überzeugte Aktivistin beschloss sie, die Firma wegen ungerechtfertigter Kündigung zu verklagen. Aber ein großes Unternehmen wie dieses war nicht bereit, sich öffentlich von einer ehemaligen Angestellten bloßstellen zu lassen. Es kämpfte hart, und am Ende musste meine Mutter aufgeben, weil sie sich den Rechtsstreit nicht mehr leisten konnte. Es war eine schwere Entscheidung für meine Mutter, weil sie immer an ihr Recht zu kämpfen geglaubt hatte. Sie glaubte, dass sie von der Firma ungerecht behandelt worden war, nicht nur wegen ihrer Erkrankung, sondern weil sie von Anfang an nicht in diese Unternehmenswelt gepasst hatte. Ihre radikale Einstellung, geprägt von ihrer lebenslangen Arbeit im zivilgesellschaftlichen Sektor, entsprach einfach nicht der Verhaltensnorm in dieser Welt, in der die Bedürfnisse der Armen keine Rolle spielten. Ihre Krankheit war ein willkommener Vorwand gewesen, sie loszuwerden. Pleite und deprimiert, schwor sie, nie wieder im Privatsektor zu arbeiten.

Das tat sie auch nie wieder. Und ich habe euch vom ANC nie dafür vergeben, dass ihr einem großen Unternehmen erlaubt, in unserem Land eine solch mächtige Stellung einzunehmen, dass es juristisch unantastbar wird. Das Rechtssystem, genau wie das Wirtschaftssystem, in Südafrika ist ungerecht. Gesetze beschützen immer noch die Reichen, während die Armen ausgebeutet und richtiggehend misshandelt werden. Meine Mutter hat ihre Klage nicht deshalb verloren, weil sie im Unrecht gewesen wäre, sondern weil Schwarze in einem Land, das an strukturellen Ungleichheiten erstickt und dessen Rechtssystem immer noch nicht den nötigen Wandel vollzogen hat, niemals auf Augenhöhe mit ihren weißen Gegnern kämpfen werden. Und das ist die Realität des demokratischen Südafrika: Ungerechtigkeit hat ein Gesicht, und es ist das Gesicht der Arbeiterklasse, der Armen und Schwarzen.

In tausend Teile zerbrochen

Für uns brachen wieder schwierige Zeiten an, als meine Mutter ihren Job verlor. Aber mittlerweile hatten wir uns schon so daran gewöhnt, arm zu sein, dass wir nicht allzu sehr davon mitgenommen waren. Ich war in meinem letzten Jahr auf der Florida-Park-Highschool, wo ich immer noch zu den besten Schülern gehörte und in den Schülerrat und in den Disziplinarausschuss gewählt worden war. Für kurze Zeit schloss ich mich dem Debattierclub an, hatte dann aber einen großen Streit mit der Lehrerin, die rassistisch war und viel zu viel von sich selber hielt. Sie hasste es, dass ich mich in politischen Fragen nicht beirren ließ. Sie hielt mich deshalb für »wichtigtuerisch«. Es wurde so schlimm zwischen uns, dass wir nicht mehr miteinander auskamen. Schließlich verließ ich den Debattierclub. Ich war nicht auf sie angewiesen, und ich hatte auch keine Lust mehr, über die seichten Themen zu reden, über die sie uns debattieren ließ. Wie es typisch für Liberale war, wich sie richtigen Debatten aus und wählte lieber Themen, bei denen man den Status quo nicht allzu sehr hinterfragen musste. Es war einfacher für sie, uns darüber reden zu lassen, ob Sterbehilfe legalisiert werden sollte oder welchen Einfluss Rapmusik auf die Gewaltbereitschaft von Teenagern hat – Themen, die ich als »Erste-Welt-Probleme« betrachte –, als uns Debatten über die Rassen- oder die Landfrage in Südafrika führen zu lassen. Ich hatte bald genug davon.

Mein Abiturjahr war schwierig. Die vergangenen Jahre hatten in schulischer und auch in emotionaler Hinsicht ihre Spuren hinterlassen. Nach ein paar Monaten musste ich aus dem Schülerrat und dem Disziplinarausschuss austreten, weil ich die Schule in Verruf gebracht hatte, nachdem ich *dagga* geraucht hatte. Ich hatte schon öfter Cannabis geraucht, aber dieses war offenbar mit einer anderen Substanz verunreinigt – mittlerweile glaube ich, dass es Benzol war – und setzte mir an diesem Morgen sehr übel zu. Meine erste Unterrichtsstunde war Biologie. Mir war schlecht, und ich fühlte mich unwohl. Das Nächste, an das ich mich wieder erinnern kann, ist, dass ich nachts mit schlimmen Kopfschmerzen im Helen-Joseph-Krankenhaus aufwachte, einen Infusionsschlauch im Arm. Eine meiner besten Freundinnen, Thato Tshabalala, saß an meinem Krankenbett und erklärte mir, dass ich mir selber schwere Verletzungen zugefügt hatte. Ich hatte das Fenster im Biologieraum zerbrochen und mir die Hand am Glas geschnitten. Ein paar Lehrer hatten versucht, mich festzuhalten, aber ich hatte sie alle abgeschüttelt und einer Lehrerin, Miss G., sogar in den Bauch getreten. Das war besonders schlimm für mich, da sie eine meiner Lieblingslehrerinnen war. Ich war schockiert. Als ich schließlich ein paar Tage später wieder in die Schule kam, musste ich mich den Fragen der neugierigen Mitschüler und wütenden Lehrer stellen. Den Gerüchten zufolge sei ich von »Dämonen besessen« gewesen. Manche behaupteten sogar, dass ich zu viel Crystal Meth geraucht hätte – schon früher hatte man gemunkelt, ich hätte diese gefährliche und süchtig machende Droge konsumiert, weil ich immer so viel Energie hatte.

Die Schule zögerte nicht, mich vor einen Disziplinarausschuss zu bringen, und ich wurde sofort aus dem Schülerrat ausgeschlossen. Ich musste die bunten und prestigeträchtigen Abzeichen von meinem Blazer abmachen. Selbst die Farben und Abzeichen für meine schulischen Erfolge durfte ich nicht mehr tragen. Alles, wofür ich so hart gearbeitet hatte, wurde mir weggenommen, und alle, die einmal an mich geglaubt hatten, schauten mich jetzt mit Abscheu und Enttäuschung in den Augen an. Ich ging damals mit dem Schülersprecher, Daniel Phiri, der genau wie ich mit ausgezeichneten Noten glänzte. Meine Rückstufung in der Schule nahm ihn sehr mit, und unsere Beziehung geriet in eine Krise. Aber gleich einem treuen Mitstreiter stand er immer hinter mir, selbst als alle anderen, sogar die Lehrer, ihm ans Herz legten, sich von mir zu distanzieren.

Ich bekam sehr schlechte Noten in den meisten Fächern, einschließlich Geschichte und Physik, die mir immer am leichtesten von der Hand gegangen waren. Hatte ich vorher fast ausschließlich Einsen nach Hause gebracht, fiel mir jetzt alles furchtbar schwer. Im ersten Quartal des Schuljahrs war ich noch die drittbeste Schülerin im ganzen Jahrgang gewesen. Ein Vierteljahr darauf war ich schon auf den siebten Rang gerutscht, und im dritten Quartal schaffte ich es nicht mal mehr in die Top Zwanzig. In Geschichte, einem Fach, in dem ich bisher durchschnittlich neunzig Prozent der Anforderungen geschafft hatte, brachte ich es bald nur noch auf schockierende fünfzig Prozent. Ich nahm an den vier Vorbereitungsprüfungen nicht teil, weil ich an den Tagen, an denen sie stattfanden, nicht genug Geld hatte, um in die Schule zu kommen, und weil ich an einem Punkt angelangt war, wo mir alles egal war. Ich hatte keinen Plan, und ich konnte noch nicht mal die Energie aufbringen, meinen besten Freunden von meiner Situation zu erzählen. Weil Prüfungszeit war, konnte ich auch kein Geld mit dem Schreiben von Hausaufgaben und Aufsätzen oder dem Verkaufen von Süßigkeiten verdienen. Ich fiel in Mathe, Physik und Biologie durch. Die Prüfungen in Geschichte und Sozial- und Gesundheitskunde, den einfachsten Fächern, bestand ich denkbar knapp mit den erforderlichen fünfzig Prozent. Die einzigen Fächer, in denen ich gut abschnitt, waren Englisch und Setswana.

Alle meine Lehrer verfielen in Panik. Niemand hatte irgendeine Idee, was mein Problem war. Ich wusste es ja selber nicht.

Wir konnten alle nur bei Malaikas Untergang zuschauen, und keiner von uns wusste, wie man ihn verhindern konnte. Schließlich fasste ich den schwierigen Entschluss, mit meiner Therapie weiterzumachen. Ich war viele Jahre lang zu einer Psychologin gegangen, hatte aber gedacht, dass ich die Therapie mittlerweile nicht mehr brauchte. Psychotherapie war immer noch ein fremdes Konzept für Schwarze. Ich hatte immer schon einen inneren Widerstand gehabt, mit einem Psychologen zu reden, und jetzt, als Teenagerin, gefiel mir die Idee, auf einer Couch zu sitzen und über meine Probleme zu reden, noch weniger. Jeder hatte Probleme. Schon allein als Schwarze in diesem Land geboren zu werden, führte zu Problemen. Ich war nicht der Ansicht, dass ich einen Therapeuten brauchte, um mit meinem Leben klarzukommen.

Aber da hatte ich mich wohl getäuscht. Der Konrektor meiner Schule setzte sich mit meiner ehemaligen Psychologin, Dr. A., Professorin an der Universität von Witwatersrand, in Verbindung und vereinbarte einen dringenden Termin bei ihr. Ein paar Tage später fuhr mich einer der Fahrer der Schule zur Universität, um Dr. A. zu treffen. Als ich die Treppe hoch- und den Flur entlangging, merkte ich, wie ich die Fassung verlor. Ich schaffte es nicht mehr, mich zusammenzureißen. Ich ging in Dr. A.s Büro und fiel ihr direkt in die Arme. Zum ersten Mal in vielen Jahren weinte ich. Ich weinte für die unzähligen Male, die ich hatte stark sein müssen. Ich weinte um meine Mutter, die es kaum schaffte, über die Runden zu kommen. Ich weinte für die vielen Male, die unser Vermieter gedroht hatte, uns aus unserem Haus rauszuschmeißen. Ich weinte um meine Familie, die auseinandergebrochen war. Ich weinte um die vielen Dinge, die ich hatte opfern müssen, um zu überleben. Ich weinte um Lumumba, den ich vor der hässlichen Erniedrigung der Armut nicht beschützen konnte. Ich weinte um mich selbst: wegen meiner schlechten schulischen Leistungen, meiner Entlassung aus den Schulgremien und vor allem wegen meiner Unfähigkeit, stark zu sein. Ich war so lange stark geblieben, und jetzt war ich hilflos, schwach und verletzlich. Jetzt saß ich im Büro meiner Therapeutin, und die Tränen liefen mir das Gesicht runter. Ich weinte so heftig, dass ich nicht mal reden konnte. Ich weinte wegen meiner Naivität, weil ich ernsthaft geglaubt hatte, es könne eine Regenbogennation geben, in der junge Menschen nicht leiden müssten. In dem Augenblick wusste ich, dass das ein Mythos war. Junge Menschen litten. Junge Menschen bekamen nachts kein Auge zu, weil sie für ihre Mitschüler Aufsätze schreiben mussten, damit die Familie etwas zu essen hatte. Junge Menschen mussten irgendwie Geld verdienen, damit sie zur Schule kamen. Diese jungen Menschen waren nicht frei, sondern sie waren gekettet an die hoffnungslose Realität der erniedrigenden Armut und die schwere Last, die auf ihnen lag.

Stunden später kam ich aus Dr. A.s Büro, ohne konkrete Antworten, aber immerhin mit einer besseren Vorstellung davon, was mein Problem war. Dr. A. erklärte mir, dass sich die Schmerzen in mir aufgestaut hätten, weil ich meine traumatischen Erfahrungen so lange Zeit tief in mir vergraben hätte. Jetzt sei ich nicht mehr dazu in der Lage, stark zu sein und mich von all den Dingen, die in meinem Leben passiert waren, zu distanzieren.

»Du musst damit aufhören, um jeden Preis stark sein zu wollen, Malaika. Du bist siebzehn Jahre alt. Kein Kind in deinem Alter sollte so stark sein müssen. Du kannst die Schmerzen zulassen. Du musst all das rauslassen, was dir Qualen bereitet und dich auffrisst, denn ansonsten könntest du mit Depressionen in der Psychiatrie landen wie deine Mutter. Die Krankheit kann dir all deinen Lebenswillen rauben.«

Ein Teil von mir musste Dr. A. recht geben, aber ein anderer Teil von mir konnte nicht akzeptieren, dass ich, Malaika, ein Township-Kind, Depressionen haben könnte. Was ich durchmachte, müssen viele andere Kinder in Townships genauso erleiden. Ich fand, ich hatte nicht das Recht, ein einfacheres Leben führen zu wollen als sie.

Ich sah Dr. A. weiterhin regelmäßig und gab mir größte Mühe, meine schulischen Leistungen zu verbessern. Daniel hatte für mich einen Lernplan erstellt, der mich geradezu dazu zwang. Ich war das ganze Schuljahr lang wie eine Schlafwandlerin durch die Schule gelaufen und hatte also sogar bei den grundlegenden Dingen nicht aufgepasst, was sich in Mathe, Physik und Biologie als besonders schlimm erwies. Zudem hatte ich noch einen Fortgeschrittenenkurs in Mathematik belegt, den nur ein Dutzend Schüler besuchten. Ich hatte mich für das Physikstudium an der Stellenbosch-Universität beworben und eine vorläufige Zusage erhalten – aber ich hatte mich mit dem Zeugnis der elften Klasse beworben. Den Platz bekam ich aber erst, wenn die Universität mein Abiturzeugnis vorliegen hatte. Die Prüfungen rückten immer näher, und ich konnte fast nichts. Mit viel Liebe und Geduld half mir Daniel dabei, den Stoff nachzuholen. Freunde von uns, Diana und ihr Freund Kabelo, unterstützten mich ebenfalls, indem sie mir ihre Notizen in den Fächern überließen, die Daniel nicht belegte. Wir lernten und lernten. Auch Palesa, Mpumi und Kgothatso, meine Komplizinnen, halfen, ohne sich ein einziges Mal zu beschweren. Sie alle wollten, dass ich gut abschnitt, weil sie daran glaubten, dass ich es konnte.

Obwohl meine schulischen Leistungen sich besserten, war ich doch sehr überrascht, als ich eine Einladung bekam, an der jährlichen Abschlussfeier teilzunehmen, bei der die Schülerinnen und Schüler mit besonders guten Noten im vergangenen akademischen Jahr geehrt wurden. Ich hatte an dieser Veranstaltung seit meinem ersten Jahr an der Highschool teilgenommen. Aber ich hätte niemals zu träumen gewagt, dass ich es 2009 auf die prestigeträchtige Liste schaffen würde. Ich hatte schließlich nicht nur schlechter als sonst abgeschnitten, sondern war in einigen meiner Vorprüfungen durchgefallen.

Schweren Herzens ging ich hin, fühlte mich aber den ganzen Abend fehl am Platz. Als der Moderator ankündigte, dass gleich die Abiturpreise verliehen würden, schlug mein Herz doppelt so schnell wie sonst. Die erste Auszeichnung wurde für die beste Schülerin oder den besten Schüler in Englisch verliehen. Die Aufgabe, den riesigen Pokal zu überreichen, kam Miss D., eine der besten Lehrerinnen, die ich je kennengelernt habe, zuteil: »Dieser Preis geht an eine der fleißigsten Schülerinnen, eine der besten, die ich je unterrichten durfte. Sie ist ein wissbegieriges Mädchen, das Bücher über alles liebt. Es war mir ein Vergnügen, ein solch inspirierendes, intelligentes Mädchen zu unterrichten. Meine Damen und Herren, ich bitte um Applaus für Malaika Mahlatsi ...«

Panik überfiel mich, als die Zuschauer laut Beifall klatschten. Ich erwartete, dass sie sich gleich dafür entschuldigen würde, den falschen Namen vorgelesen zu haben, und wartete auf den Moment, in dem sich alle über mich totlachen würden. Aber das passierte nicht. Ich stand auf, ging auf die Bühne und umarmte Miss. D., die auch dann immer noch an mich geglaubt hatte, als ich kaum irgendwelche Prüfungen bestand. Wir lagen uns eine gefühlte Ewigkeit in den Armen, und uns beiden kamen die Tränen. Sie überreichte mir den großen Pokal und das Zertifikat. Außerdem gab sie mir noch ein Geschenk, das sie selber für mich gekauft hatte. Alle standen und klatschten. Ich schaute mit Tränen in den Augen in die Menge und lächelte.

Die nächste Auszeichnung war ebenfalls für mich. Diesmal machte sich keine Panik in mir breit. Ich verstand, dass ich das verdient hatte. Meine Vorprüfungen waren zwar sehr schlecht gewesen, aber ich hatte alles wieder aufgeholt. Mein Durchschnitt für dieses Jahr, der spätere Prüfungen mit einbezog, war viel besser. Insgesamt hatte ich eine Drei plus, aber bei Weitem kompensiert durch eine Eins plus in Englisch und Setswana. Außerdem bekam ich einen Sonderpreis, der traditionell an den vielversprechendsten Schüler der Abschlussklasse ging. Ich wusste, dass alles wieder in Ordnung kommen würde. Ich würde meine Abschlussprüfungen mit guten Noten ablegen und von der Stellenbosch-Universität angenommen werden. Ich würde Kernphysikerin werden. Ich hatte bis hierher wahrlich kein einfaches Leben gehabt, aber vielleicht gab es doch noch einen Funken Hoffnung in der Regenbogennation.

ZWEI EIN ENTFACHTES FEUER: AUF DER SUCHE NACH EINEM POLITISCHEN ZUHAUSE

Wie mich die Stellenbosch-Universität veränderte

Ich schrieb meine Abschlussprüfungen ohne große Probleme. Es war mir gelungen, das meiste aufzuholen, was ich verpasst hatte, und ich glaubte fest daran, dass ich den Abschluss schaffen würde. Ich hatte mich an keiner anderen Universität als Stellenbosch beworben, weil ich nirgendwo anders hinwollte. Viele meiner Kollegen und auch mein Freund hatten sich an der Universität von Witwatersrand beworben; Daniel hatte sich für ein Studium in Aktuarwissenschaften entschieden, Diana wollte Jura studieren und Kabelo Medizin. Kgothatso, Palesa und Mpumi würden alle zur Technischen Universität Vaal gehen, um Informatik zu studieren. Die Provinz Gauteng reizte mich aber nicht. Ich wollte ans Westkap, an die Stellenbosch-Universität, und Physik studieren.

Im Januar 2010 bekamen wir die Noten für unsere Abiturprüfungen. Ich hatte leider nicht so oft mit Auszeichnung bestanden, wie ich gehofft hatte. Dass ich mit Englisch keine Probleme haben würde, war klar, und tatsächlich hatte ich mit über fünfundachtzig Prozent bestanden, das beste Ergebnis im ganzen Bezirk. Leider fehlte mir in Setswana und Geschichte jeweils genau ein Prozent, um auch dort mit Auszeichnung abzuschließen. Aber ich war stolz auf mich, dass ich so gute Noten bekommen hatte.

Ein paar Tage nachdem ich mein Abiturzeugnis erhalten hatte, bekam ich einen Brief von der Stellenbosch-Universität. Obwohl ich in meiner Aufnahmeprüfung relativ gut abgeschnitten hatte, war meine Note in Afrikaans recht schlecht. Ich hatte den Numerus Clausus für Kernphysik ganz knapp verfehlt, konnte mich aber immer noch für einen anderen Schwerpunkt innerhalb des Physikstudiums entscheiden. Ich kam zu dem Schluss, dass Kernkraft sowieso negative Auswirkungen auf den Kontinent hatte, und entschied mich für theoretische Physik und Laserphysik.

Meine Mutter kaufte mir ein billiges Zugticket. Die sechsundzwanzigstündige Fahrt von Johannesburg nach Kapstadt war eine der besten Reisen in meinem Leben, auch wenn ich, als ich am Westkap ankam, sehr müde und erschöpft war. Eine meiner Freundinnen, Lungile, holte mich am Bahnhof in Kapstadt ab. Der Plan war, bei ihr zu wohnen, bis ich an der Universität alles geklärt hatte. Es waren noch ein paar Wochen bis Studienbeginn, aber ich war früher angereist, damit ich mich eingewöhnen konnte. Ich hatte vor, eine Woche später wieder nach Hause zu fahren, um den Rest meiner Sachen zu holen.

Lungile war eine tolle Gastgeberin, aber irgendwas passierte mit mir, als ich die Uni besuchte. Ich fühlte mich irgendwie fehl am Platz. Der Campus gefiel mir einfach nicht. Lungile merkte, dass ich mich nicht wohlfühlte, und versuchte ihr Bestes, um das zu ändern. Sie dachte, ich würde mich weniger fremd fühlen und meine Meinung über die Universität ändern, wenn sie mich zu einem *braai* mitnahm, einem Grillfest, das von Studenten ausgerichtet wurde. Leider bewirkte sie damit genau das Gegenteil. Als ich inmitten von blonden, blauäugigen afrikaanssprechenden Studentinnen und Studenten stand, wurde mir bewusst, dass die Stellenbosch-Universität nicht der richtige Ort für mich war. Ich konnte nicht mit konservativen Afrikaanern zusammenleben und zusammen studieren, die uns allem Anschein nach immer noch als Kaffern betrachteten, denen man noch nicht mal mit falscher Höflichkeit begegnen musste.

Vor meiner Ankunft in Stellenbosch hatte ich mich noch nie in einer Umgebung aufgehalten, in der Afrikaaner dominierten. Ich hatte ab und zu mit dem einen oder anderen Afrikaaner zu tun gehabt, mich aber noch nie mit einer großen Gruppe in ihrem eigenen Umfeld konfrontiert gesehen. Es war auf diesem Grillfest, als ich zum ersten Mal erleben musste, mit welcher Verachtung Afrikaaner uns begegnen, Verachtung, die sich schon in einer kleinen Geste, einem Seitenblick, ausdrücken kann.

Die schwarzen Studenten, von denen es nur einige gab, standen in einem Grüppchen in einer Ecke des Gartens, fast so, als gingen sie den Afrikaanern, die den Pavillon bevölkerten, ängstlich aus dem Weg. Vier, fünf Mädchen, denen mich Lungile vorstellte, saßen etwas abseits von der Feier und unterhielten sich im Flüsterton in ihrer Muttersprache. Ich verstand nicht, warum sie sich von den anderen so offensichtlich abgrenzten, bis ich zur Bar ging, um mir eine Limonade zu holen.

Der Weg von einem Ende des Gartens zum anderen kam mir vor, als wanderte ich durch das Tal der Schatten des Todes. Um mich herum lachten blasse Gesichter. Sie tanzten und unterhielten sich auf Afrikaans. Ich hörte nicht ein einziges Wort in einer anderen Sprache. Da verstand ich auf einmal, warum sich schwarze Studenten so sehr an den Rand gedrängt fühlten, dass sie irgendwo in einer Ecke kauerten.

Die junge Frau hinter der Bar hieß Marjorie – jemand hatte ihren Namen gerufen, während ich anstand –, und sie wirkte verärgert, als sie mich sah. Ich war so überrumpelt von dem entnervten Gesichtsausdruck, dass ich kurz davor war, die Schlange zu verlassen und zu den Mädchen zurückzugehen. Aber nachdem ich jahrelang an meinem Selbstbewusstsein gearbeitet hatte, hielt mich etwas davon ab, eine Sturheit, ein innerer Widerstand: Diesen Triumph konnte ich ihr einfach nicht gönnen. Also blieb ich in der Schlange stehen und wartete.

Als ich schließlich dran war, fragte sie mich fast wütend: »Wat soek jy?«

Natürlich verstand ich die Frage, tat aber so, als wüsste ich nicht, was sie damit meinte. Ich antwortete, dass ich die Sprache nicht verstehe, und zog damit sofort die bösen Blicke anderer Studenten auf mich. Sie fragte wieder: »Wat soek jy?«, und wieder sagte ich, dass ich Afrikaans nicht verstehe. Daraufhin antwortete sie wutentbrannt auf Englisch: »Was willst du?«

Ich sagte, ich hätte gerne eine Limonade, und sie reichte sie mir. Als ich mich von der Bar abwandte, hatte ich das Gefühl, dass ihre Frage nicht darauf abzielte, was ich gern zu trinken hätte. Es kam mir so vor, als hätte Marjorie mich gefragt, was ich an diesem Ort, an diesem Campus, an dieser Universität wollte. Irgendetwas an ihrem Ton machte auf mich den Eindruck eines Verhörs. Sie fragte nicht nur, was ich trinken wollte, sondern auch, wieso ich mich dazu entschlossen hatte, ihre Welt mit meiner schwarzen Anwesenheit zu stören.

Ich erzählte Lungile nichts von diesem Vorfall, auch weil ich nicht wollte, dass sie sich schuldig fühlte, mich zu einer Party mitgenommen zu haben, die mich nur deprimierte. Lungile war eine nette junge Frau, die anscheinend mit dem Status quo keine Probleme hatte. Sie hatte das Thema Rassismus auf dem Campus nicht angesprochen, abgesehen von ein paar Kommentaren darüber, wie »afrikaans« die Uni war. Sie schien sich den Umständen hier angepasst zu haben. Ich hatte nicht das Gefühl, dass sie mich verstehen würde.

Ich blieb noch für ein paar Wochen an der Stellenbosch-Universität, obwohl ich tief in meinem Inneren wusste, dass ich sie letztendlich verlassen würde. So sehr ich mir auch Mühe gab, langfristig konnte ich mir ein Leben an diesem Ort einfach nicht vorstellen. Ich telefonierte mit Daniel, mit dem ich immer noch zusammen war, und erzählte ihm von meinen Erlebnissen. Wir hielten eine Telefonkonferenz mit Diana und Kabelo ab. Ich erklärte ihnen, dass ich nicht in Stellenbosch studieren konnte, mich aber nirgendwo anders beworben hatte, und deshalb keine andere Möglichkeit als Stellenbosch sah. Diana riet mir, zurück nach Gauteng zu kommen und mein Glück an der Universität von Witwatersrand zu versuchen. Ich war mir unsicher. Ich hatte Wits, wie sie im Volksmund genannt wurde, nie gemocht und wollte dort eigentlich nicht hingehen. Ich versuchte es deshalb erst einmal an der Universität des Westkaps, aber die Bewerbungsfrist war längst abgelaufen, und nach mehreren Gesprächen teilte man mir mit, dass es nur noch einen Platz im Pädagogikkurs gebe. Ich wollte aber nicht Pädagogik studieren, also beschloss ich, nach Johannesburg zurückzukehren und dort zu entscheiden, was ich mit meinem Leben anfangen wollte. Ich wusste, wie sehr meine Mutter unter meinem Entschluss leiden würde, aber das änderte nichts daran, dass ich hier weg musste.

Eine Sache wurde mir klar, als ich die Tore von Stellenbosch hinter mir ließ: Ich würde mein Leben der Black-Consciousness-Bewegung widmen und für das Selbstbewusstsein und das Selbstverständnis von uns Schwarzen kämpfen. Stellenbosch hatte mir eine Wahrheit über Südafrika vor Augen geführt, die ich eigentlich schon kannte. Mir wurde hier bestätigt, dass dieses Land nicht nur immer noch von Rassismus geprägt war, sondern dass alle Schwarzen an dem Kampf, uns von diesem Rassismus zu befreien, teilnehmen mussten. Das galt ganz besonders für diejenigen von uns, die das Privileg und gleichzeitig das Unglück gehabt hatten, gemischte Schulen und Universitäten zu besuchen, wo wir jeden Tag aufs Neue mit dem hässlichen Gesicht der Überlegenheitshaltung der Weißen konfrontiert wurden. Ich konnte diesen Kampf nicht alleine in dieser Institution führen, aber ich hoffte, dass ich mich mit gleichgesinnten jungen Menschen zusammenschließen konnte, dass wir gemeinsam zumindest den Status quo hinterfragen und vielleicht, nur vielleicht, die Zukunft der Schwarzen in Südafrika in eine neue Bahn lenken könnten.

Meine Erfahrungen mit der Black-Consciousness-Bewegung

Ich hatte immer schon gewusst, dass ich irgendeine Rolle dabei spielen wollte, die Situation der Schwarzen in unserem Land zu verbessern, aber erst als ich der Stellenbosch-Universität den Rücken zukehrte, wusste ich, wie diese Rolle aussehen würde: Ich wollte mich einer radikalen Black-Consciousness-Organisation anschließen und dort in der Kommunikationsabteilung arbeiten. Schreiben und mit Leuten kommunizieren machte mir großen Spaß, und in diese Sache wollte ich meine Leidenschaft und mein Talent investieren.

Im Juni 2010 nahm ich an einer politischen Veranstaltung in der Regina-Mundi-Kirche in Soweto teil, bei der ich einen Mann traf, der noch eine wichtige Rolle in meinem Leben spielen sollte: Andile Mngxitama. Ich las Andiles Kolumne »Bolekaja!« im *Sowetan* regelmäßig und fand ihn sehr interessant und einnehmend. Früher einmal war er mit meiner Mutter befreundet gewesen, und durch sie kannte ich sein Magazin *New Frank Talk*, das ich sehr gerne las und für äußerst radikal hielt. Als ich Andile traf, war er in Begleitung einer Gruppe junger Leute; sie gehörten einer Black-Consciousness-Bewegung in Soweto namens Blackwash an. Blackwash war ursprünglich von einer Gruppe Feministinnen gegründet worden, die sich Jahre zuvor an der Rhodes-Universität in Grahamstown kennengelernt hatten. In ihren Anfängen war Blackwash also eine Organisation für schwarze Frauen gewesen, aber daraus wurde schnell eine Bewegung für wütende und kämpferische junge Leute, die der laschen zeitgenössischen Black-Consciousness-Bewegung ein neues, radikales Gesicht verleihen wollten.

Als ich die Gruppe kennenlernte, wusste ich sofort, dass ich mich Blackwash anschließen wollte. An diesem ersten Abend diskutierten wir stundenlang die Werke von Bantu Steve Biko. Meine Mutter hatte mir sein Buch *I Write What I Like* zum Geburtstag geschenkt. Die Verlegenheit, die oft im Weg steht, wenn man auf eine Gruppe Unbekannter stößt, existierte bei Blackwash überhaupt nicht. Von dem Moment an, als wir uns einander vorstellten, verstanden wir uns so gut, als ob wir schon jahrelang Freunde gewesen wären. Mein schreckliches Erlebnis an der Stellenbosch-Universität hatte mich sehr wütend gemacht. Ich war wütend auf mich selbst, dass ich mich überhaupt für ein Studium dort beworben hatte. Ich war wütend auf die Institution, weil sie mich angenommen hatte. Ich war wütend auf meine Mutter, weil sie mich nicht davor gewarnt hatte, was am Westkap auf mich zukommen würde, dass sie mich nicht darauf vorbereitet hatte, was passieren würde, wenn ich auf eine Gemeinschaft konservativer rechter Afrikaaner traf. Und am meisten war ich mal wieder auf die Regenbogennation wütend. Als Kind war ich auf die romantische Rhetorik reingefallen und hatte geglaubt, dass Model-C-Schulen ein Paradies für alle seien. Und jetzt hatte ich schon wieder die Lüge geschluckt, dass Hochschulen für jeden seien und dass Klasse, Herkunft und ideologische Gesinnung dort keine Rolle spielen würden. Ich war wütend auf euch vom ANC, weil ihr ein falsches Bild von Südafrika gezeichnet habt. Ein Südafrika, in dem soziale Gleichheit herrschte und alle Rassen in Eintracht lebten, gab es nicht. Es gibt es nicht. Blackwash, mit seiner anti-weißen Politik, war genau die Bewegung, mit der sich ein wütendes schwarzes Mädchen aus einer Township identifizieren konnte. Denn manchmal bleibt einem schwarzen Kind nur ein einziges Mittel, um gegen ein System zu kämpfen, das es unmenschlich behandelt: Wut. Eine so starke Wut, dass dieses Kind keine andere Wahl hat, als das Wagnis auf sich zu nehmen, am Leben zu bleiben. Wut ist schon immer für viele von uns die Triebkraft für unsere Ideen gewesen – manchmal mehr als die Liebe für unser eigenes Volk.

Ein paar Wochen nachdem ich der Organisation beigetreten war, war ich schon im inneren Zirkel. Andile war fraglos der Anführer der Bewegung und wurde von zwei Gründerinnen unterstützt, Zandi »Zeer« Radebe and Ncebakazi »Ncesh« Manzi, die beide einen Abschluss von der Rhodes-Universität hatten. Zandi und Ncesh waren beide sehr intelligente junge Frauen, die sich mit großem Eifer für den schwarzen Widerstandskampf einsetzten. Sie nahmen mich unter ihre Fittiche und gaben mir Literatur zu lesen, die ihr Denken und ihre politische Einstellung beeinflusst hatte. So lernte ich die Werke von Assata Shakur kennen, einer Afroamerikanerin, die in Kuba im Exil lebt. Assata war eine der führenden Mitglieder der Black-Panther-Partei, die aus der Bürgerrechtsbewegung in den USA hervorgegangen war. Die radikale, militante Gruppierung befürwortete den Einsatz von Waffen und Gewalt in Ausnahmefällen. In mehreren Fällen wurden diese Drohungen auch wahr gemacht. Assata wurde von der amerikanischen Regierung wegen vermeintlichen Mordes angeklagt, konnte jedoch aus dem Gefängnis fliehen und fand politisches Asyl in Fidel Castros antiimperialistischem Kuba. Sie stand immer noch ganz oben auf der Liste der meistgesuchten Personen des FBI, und auf ihre Ergreifung war ein Kopfgeld ausgesetzt. Assata lebt auch heute noch in Kuba, wo die sozialistische Regierung sie vor dem US-Geheimdienst beschützt.

Außerdem lernte ich die Werke von Frantz Fanon, Sékou Touré, Frank B. Wilderson, Dr. Chinweizu und vielen anderen kritischen und radikalen Schriftstellern kennen, welche die »neurotische Situation« der Schwarzen definieren – Fanon beschreibt ja die koloniale Entfremdung als Krankheit.

Bald machten sie mich bei Blackwash zur Administratorin, und ich kümmerte mich um alltäglich anfallende Aufgaben im Büro, beantwortete E-Mails und verfasste Presseerklärungen. Als man merkte, dass ich gut schreiben konnte, bat Andile mich, Ncesh mit den Recherchen und der Redaktion von *New Frank Talk* zu helfen. Ich war überglücklich. *New Frank Talk* war eine beliebte Zeitschrift, die sich auch gut verkaufte. Es war eine große Ehre für mich, der Redakteurin bei den Recherchen und dem Schreiben von Artikeln zu helfen.

Wenig später fragte mich Andile, ob ich nicht Lust hätte, an einem Projekt namens September National Imbizo teilzunehmen. Die Idee zum SNI war auf Facebook entstanden. Es sollte eine Landeskonferenz werden, wo radikale schwarze Denkerinnen und Aktivisten sich treffen und über den Bürgerrechtskampf diskutieren konnten. Ich stimmte zu. Eine Woche später gab es ein erstes Vorbereitungstreffen in der Moletsane-Highschool in Soweto. Die Arbeitsgruppe wurde in vier Bereiche unterteilt: Inhalt und ideologische Arbeit, Finanzen und Fundraising, Logistik sowie Marketing und Öffentlichkeitsarbeit. Andile schlug vor, dass ich mich dem Ausschuss für Inhalt und ideologische Arbeit anschließen solle, der aus drei anderen Leuten bestand, nämlich ihm, Ncesh und einem sehr direkten Mann namens Jackie Shandu. Wir vier waren für die politische Arbeit und teilweise auch für die Leitung der gesamten Gruppe zuständig. Unsere erste Aufgabe war es, Diskussionspapiere für das SNI zu verfassen. Bis September waren es zu dem Zeitpunkt nur drei Monate, und wir hatten nicht wirklich eine Ahnung, wie wir das alles in so kurzer Zeit hinbekommen sollten.

So machten wir uns unverzüglich an die Arbeit. Der Ausschuss für Inhalt und ideologische Arbeit traf sich regelmäßig in Andiles Büro in Braamfontein, um Diskussionspapiere zu entwerfen und zu besprechen. Während dieser Zeit wurde ich Generalsekretärin des SNI. Damit hatte ich die Vollmacht über die SNI-Bankkonten und eine richtige Machtposition innerhalb der Organisation inne. Ich wusste, dass es einige Leute gab, die mir meinen schnellen Aufstieg nicht gönnten, aber damals glaubte ich, dass ich diese Stellung verdient hatte. Ich war das jüngste Mitglied des inneren Zirkels und eins der engagiertesten. Ich hatte mich mittlerweile an der Universität von Südafrika eingeschrieben, einer Fernuniversität, und hatte sehr viel Zeit, weil ich keine Vorlesungen besuchen musste. Also opferte ich all meine Zeit Blackwash und dem SNI. Die Bewegung war mittlerweile mein Leben geworden.

Kurz vor Ende der Fußballweltmeisterschaft, die Südafrika 2010 ausrichtete, beschloss Blackwash eine landesweite Anti-Afrophobie-Kampagne. Grund dafür war eine Reihe von Berichten und Spekulationen darüber, dass die sogenannten fremdenfeindlichen Gewalttaten, die das Land 2008 erschüttert hatten, nach der Weltmeisterschaft wieder zunehmen würden. Als panafrikanische Bewegung waren wir der Auffassung, dass wir eine Situation, in der unsere afrikanischen Schwestern und Brüder vom wütenden südafrikanischen Mob angegriffen wurden, nicht dulden konnten. Wir wollten alles unternehmen, um solche katastrophalen Vorfälle in Zukunft zu verhindern. Nach einigen Tagen Besprechungen hatten wir einen Aktionsplan und ein gutes Programm entworfen. Wir wollten die Leute auf der Straße informieren und sie darüber aufklären, warum Afrikaner nicht angegriffen werden sollten.

Wir entwarfen und druckten Flugblätter in Andiles Büro und in Internetcafés in der Innenstadt. Blackwash hatte kein eigenes Büro, also mussten wir unsere eigenen Laptops und Handys benutzen. Zugang zum Internet hatten wir ansonsten nur in Andiles Büro. Die Kampagne wurde »Singamakwerekwere Sonke!« getauft, was so viel bedeutet wie »Wir sind alle Fremde«. »Amakwerekwere« ist ein abwertender Ausdruck, mit dem in Townships oft Menschen bezeichnet werden, die nicht aus Südafrika stammen. Das Tragische an dieser entwürdigenden Bezeichnung ist, dass sie selektiv verwendet wird. Weiße, die schließlich alle Fremde in unserem Land sind, werden niemals als »Amakwerekwere« abgestempelt. Mit dem Kampagnentitel wollten wir deutlich machen, wie lächerlich es ist, unsere eigenen Leute so zu nennen, da alle Afrikaner ein Volk sind.

Die Kampagne wurde über die sozialen Medien bekannt gemacht und verbreitet. Die Facebook-Seite für die Kampagne hatte fast dreitausend Follower, und die meisten von ihnen identifizierten sich mit Blackwashs politischen Ideen. Es sah so aus, als ob viele Leute die Kampagne unterstützen würden, und wir waren zuversichtlich, dass wir für die landesweite Aktion eine große Zahl Menschen würden mobilisieren können. Wenn ich damals gewusst hätte, was ich heute weiß, nämlich wie trügerisch die sozialen Medien sein können, dann hätte ich darauf gepocht, dass wir mehr Zeit und Mühe darauf verwendeten, andere Gruppen und Nichtregierungsorganisationen mit ähnlichen Ansichten wie den unseren mit an Bord zu holen. Aber zu dem Zeitpunkt war ich so naiv zu glauben, dass die Leute, die uns in den sozialen Netzwerken unterstützten, uns auch in Wirklichkeit unterstützen würden. Aber dem war nicht so. An dem Tag, an dem die landesweite Massenaktion stattfinden sollte und sich andere Gruppen in allen großen Städten in jeder Provinz zusammenfinden sollten, traf sich unsere Gruppe auf dem Mary Fitzgerald Square in Newtown, Johannesburg. Wir hatten mindestens hundert Leute erwartet, die sich in Gauteng versammeln würden, aber weniger als fünfzehn tauchten auf, und die meisten davon waren die Organisatoren der Kampagne. Das war eine Riesenenttäuschung. Andile schlug vor, die Aktion abzusagen, aber wir konnten ihn davon überzeugen, dass nicht die Anzahl der Teilnehmer zählte, sondern die Botschaft, die wir verkünden wollten. Schließlich stimmte er zu, dass wir uns in kleine Gruppen aufteilen, an wichtigen Orten in der Stadt Flugblätter unter die

Leute bringen und so mit Passanten ins Gespräch kommen sollten. Wir teilten uns also in drei Gruppen zu vier Personen auf. Eine Gruppe würde zur Bree-Haltestelle gehen, eine weitere zur Noord und eine weitere nach Hillbrow. Eigentlich hatten wir vorgehabt, nach Diepsloot zu gehen, dem Epizentrum der fremdenfeindlichen Ausschreitungen von 2008, aber wir waren einfach nicht genug Leute und wussten, wie gefährlich es werden würde, wenn wir in einer so kleinen Gruppe dort auftauchten.

Ich wurde mit Andile, Marechera Wa Ndata und einer jungen Frau namens Katlego, die extra aus Vaal angereist war, für die Haltestelle Noord im Zentrum von Johannesburg eingeteilt, wo wir Flugblätter an Pendler und Taxifahrer verteilten. Andile und ich sprachen Passanten an und versuchten ihnen zu vermitteln, warum es falsch war, unsere afrikanischen Brüder und Schwestern anzugreifen und zu töten. Die meisten Leute hörten uns zu, aber einige reagierten feindselig und sagten uns, wir sollten zur Hölle gehen. Ein Taxifahrer sagte zu mir mit sehr wütender Stimme: »Der Grund, warum du nicht willst, dass wir diese Leute töten, ist, dass du dich von Nigerianern vögeln lässt.« Als sie diese Beleidigung hörten, nahmen mich Andile und Marechera in Schutz. Kurz darauf wurden wir drei von drei bewaffneten Männern geschnappt. Sie brachten uns zu einem Gebäude in der Nähe und zogen uns die Treppen hinauf in einen Raum. Unsere Flugblätter wurden konfisziert. Wir wurden eine gefühlte Ewigkeit verhört. Die drei Männer beleidigten uns, schüchterten uns ein und drohten uns Prügel an. Sie beschuldigten uns, das Land in ein Paradies für Ausländer verwandeln zu wollen. Ihrer Ansicht nach waren allein die Ausländer an der hohen Kriminalitätsrate und Arbeitslosenquote schuld. Schließlich ließen sie uns gehen, behielten aber unsere Flugblätter. Ich war fast achtzehn Jahre alt damals, und ich hatte so viel Angst. Ich hatte Hunger, und mir war kalt. Aber vor allem war ich so enttäuscht, dass unsere Leute nicht verstanden, wie wichtig unser Anliegen war.

Wir trafen uns mit den anderen Gruppen in Nikki's Oasis, einem kleinen Restaurant mit Bar gegenüber dem Market Theatre. An dem Abend saßen wir lange da und diskutierten den Zustand auf unserem Kontinent. Wir fühlten uns alle so furchtbar entmutigt. Es war einer der ersten von vielen Momenten in meinem Leben, die mir klarmachten, dass es für unser Volk ein langer Weg zur geistigen Freiheit werden würde. Diese starke Abneigung und Missgunst, die uns entgegenschlug, zusammen mit der Ungleichheit, auf der die stetig wachsende Afrophobie in unserem Land beruhte, spiegelten das Bild eines Volkes wider, das unheimlich stark von der Erfahrung der Kolonisation geprägt war. Mein Idealismus, mein Glaube an das von Natur aus Gute in meinen schwarzen Brüdern und Schwestern, wurde an diesem Tag auf die Probe gestellt, als wir unsere gescheiterte Kampagne analysierten. Ich konnte deutlich sehen, wie viel Arbeit uns noch bevorstand, Arbeit, die wir in unserem Leben vielleicht gar nicht mehr schaffen würden.

Als wir Nikki's verließen, waren wir deprimiert und traurig angesichts unserer Niederlage.

Wir wussten von diesem Tag an, dass wir zehnmal so hart arbeiten mussten, um das SNI, das in weniger als zwei Monaten stattfinden würde, zu einem Erfolg zu machen. Die Diskussionspapiere waren noch nicht fertig, die Registrierung der Delegierten ging schleppend voran, und wir hatten keinen einzigen Cent in unserer Kasse. Ncesh und ich beschlossen, dass ich in ihre Wohnung in der Stadt einziehen würde und wir gemeinsam die Papiere fertigstellen sowie weitere wichtige Dinge für das Imbizo organisieren würden. Ich hatte keinen eigenen Computer, und der Laptop, den mir ein Mitglied zur Verfügung gestellt hatte, funktionierte nicht richtig. Meine

Mutter unterstützte mich sehr in meinen politischen Aktivitäten, und als ich sie also darüber informierte, dass ich ein paar Wochen bei Ncesh wohnen würde, war sie einverstanden. Ncesh wohnte zusammen mit ihrer jüngeren Schwester Funeka, ebenfalls Mitglied bei Blackwash, aber bei Weitem nicht mit so viel Eifer und Engagement dabei wie Ncesh. Trotzdem war Funeka ein sehr nettes Mädchen, und wir verstanden uns gut. Wir drei teilten uns also ihre Wohnung. Andile brachte uns jeden Abend etwas zu essen vorbei, weil wir kein Geld und keine Zeit für etwas anderes als das SNI hatten. Wir standen morgens früh auf und gingen erst spät schlafen. Zusammen hatten wir fünf Bücher zu lesen, komplizierte politische Schriften, für die wir viel Zeit und Konzentration aufbringen mussten.

Einen Monat bevor das SNI stattfinden sollte, passierte eine Katastrophe. Ich hatte einen öffentlichen Streit mit einem der Vorstandmitglieder der Organisation, Kagiso Monnapula. Kagiso hatte auf Facebook gepostet, dass »ausländische« Staatsangehörige der Grund für die ansteigende Arbeitslosenrate und Armut in den Townships seien, weil sie nicht gegen Ausbeutung kämpfen und die Arbeitgeber sie deshalb Südafrikanern vorziehen würden, die berüchtigt seien, für Lohnerhöhungen zu streiken. Ich war außer mir vor Wut! Nur ein paar Tage zuvor hatten wir eine Kampagne gegen diese Ansichten gestartet, und jetzt drückte eines unserer Mitglieder öffentlich eine Meinung aus, die wir ablehnten und die wir als Problem diagnostiziert hatten. Ich kommentierte seinen Eintrag und bezeichnete ihn als Heuchler, woraufhin er mich beschuldigte, päpstlicher als der Papst, selbstgefällig und überheblich zu sein. Das führte zu einer hässlichen virtuellen Auseinandersetzung vor Tausenden von Leuten, die Blackwash und das Geschehen um das SNI auf Facebook verfolgten.

Als Andile einschritt und uns zurechtwies, war der Schaden längst angerichtet. Die Gruppe hatte sich in zwei Fronten aufgeteilt; einige waren auf meiner Seite und andere auf Kagisos. Bis zu dem Zeitpunkt war mir überhaupt nicht bewusst gewesen, dass irgendjemand in der Organisation ein Problem mit mir hatte. Aber jetzt stellte sich heraus, dass einige Leute einen Groll gegen mich hegten, weil sie mich für arrogant und selbstgerecht hielten. Nach dem Streit mit Kagiso gab es eine Meinungsverschiedenheit zwischen Zandi, einer der führenden Mitstreiterinnen der Bewegung, und mir. Schon seit längerer Zeit hatte sie Leute gemobbt und eingeschüchtert, doch da mich das Leben zu einem sturen Mädchen gemacht hatte, weigerte ich mich, auch eins ihrer Opfer zu sein. Andile stand dazwischen; er wusste nicht, wie er mit der Situation umgehen sollte, da er uns beiden sehr nahestand. Da er keine eindeutige Position bezog, entstanden zwei Fraktionen. Zandis Fraktion bestand hauptsächlich aus Mitgliedern der Organisation, die aus Soweto stammten, und die andere Fraktion bestand aus dem Rest der Mitglieder und war in der Mehrzahl. Die Soweto-Gruppe, obwohl kleiner, war sehr radikal, wohingegen die andere Gruppe hauptsächlich aus Intellektuellen und Theoretikern bestand. Die Bewegung war im Krieg mit sich selber, und das war alles andere als schön.

Ich hatte zuvor noch nie einer politischen Organisation angehört und hatte keine Ahnung, wie ich mit diesem Klüngel und den Intrigen umgehen sollte. Erst im Nachhinein habe ich begriffen, dass ich in großen Maßen dafür verantwortlich war, dass die Organisation sich spaltete. Weil ich wütend auf Zandi und ihre vermeintliche Splittergruppe war, distanzierte ich mich von ihnen und hielt mich nur noch an die in der anderen Gruppe, hauptsächlich Ncesh. Rückblickend kann ich sagen, dass das sehr unreif war, und es hätte verhindert werden können, wenn unsere Egos nicht so groß wie die Antarktis, sondern eher so klein wie Swasiland gewesen wären.

Während dieser schweren Zeit in der Bewegung wurde ich von einer großen Nichtregierungsorganisation in Johannesburg namens Khanya College kontaktiert. Khanya war Mitte der Achtziger gegründet worden, ursprünglich als Bildungsinstitut für politische Aktivisten; jetzt standen soziale Gerechtigkeit und die Ausbildung anderer NRO- und Gewerkschaftsmitglieder im Mittelpunkt. Khanya suchte Leute, die bei der Jozi Book Fair aushelfen konnten, einer jährlich stattfindenden Buchmesse für Kleinverlage, Autoren und Dichter. Mir gefiel die Arbeit von Khanya, und ich hatte großen Respekt vor dem Direktor, einem marxistisch-leninistischen Aktivisten namens Oupa Lehulere. Ich sagte zu. Noch während ich dort arbeitete, fragte mich Mark Weinberg, ein ehemaliger Kollege meiner Mutter, ob ich Interesse an einem Praktikum beim AIDC, einer anderen marxistisch-leninistischen Organisation in Kapstadt, hätte. Das Angebot hörte sich gut an. Ich würde dort schreiben und redigieren, was ich beides sehr gern machte. Das Alternative Zentrum für Information und Entwicklung hatte Artikel von mir gelesen und war daran interessiert, mich als Praktikantin einzustellen.

Ich war sehr aufgeregt, obwohl ich nicht viel über den Marxismus-Leninismus wusste, eine Ideologie, die von Blackwash abgelehnt wurde, weil sie »fremd« war. Aber es gab auch etwas, was mich zögern ließ, ob ich das Angebot annehmen sollte. Ich hatte eine öffentliche Auseinandersetzung mit einem der Vorstandsmitglieder der Organisation gehabt, Mazibuko Jara. Mazibuko und ich hatten uns um Andile gestritten. Oder, um genauer zu sein, ich hatte in einem Streit zwischen den beiden für Andile Partei ergriffen und hatte Mazibuko später in den sozialen Medien öffentlich gedemütigt, um Andile mit meiner Loyalität zu beeindrucken. Ich hatte Mazibuko Jara, einen Mann, den ich selber nie kennengelernt hatte, nur mit Andiles Augen gesehen, und ein Feind von Andile war ein Feind der Revolution. Damit war er auch mein Feind – so eine tiefe Loyalität empfand ich dem Mann gegenüber.

Ich brauchte ein paar Tage, um Mut zu fassen, aber schließlich informierte ich Andile und andere Vorstandsmitglieder, dass ich darüber nachdachte, für das AIDC zu arbeiten. Wie erwartet, hielt sich die Begeisterung in Grenzen. Ich merkte, dass Andile wütend und enttäuscht war, dass ich auch nur in Erwägung zog, mich einer Organisation anzuschließen, die seiner Meinung nach aus »liberalen Marxisten und weißen Suprematisten« bestand. Aber ich war mittlerweile an einem Punkt angekommen, dass ich nicht mehr Andiles Handlangerin sein wollte. Ich wollte meinen eigenen Weg finden und mich nicht nur über Blackwash definieren. Ich hatte gelernt, dass eine Bewegung mehr sein musste als nur der Kult um eine Person, und hatte beschlossen, nicht länger Andiles Kämpfe für ihn zu kämpfen. Ich wollte es mir auch nicht länger mit jedem verderben, der nicht ganz genau die gleichen Ansichten hatte wie unsere Bewegung. Wenn die Bewegung wachsen wollte, dann musste sie strategische Bündnisse mit der progressiven Linken formen. Das sagte ich Andile auch so.

Ich hatte ja keine Ahnung, dass diese Entscheidung meine politische Stellung bei Blackwash und dem SNI schwächen würde. Ein paar Wochen bevor endlich der SNI stattfinden sollte, wurde ich des Amts der Generalsekretärin enthoben. Bis heute weiß ich nicht genau, warum, und ich kann mir nicht vorstellen, dass diejenigen, die mir das Amt wegnahmen, wirklich einen triftigen Grund dafür hatten.

An einem Sonntagnachmittag war ich mit meiner Mutter zu Hause, als ich einen Anruf von Ncesh bekam. Sie informierte mich, dass an dem Abend eine Arbeitsgruppensitzung stattfinden würde. Ich war überrascht, da die Organisation eines solchen Treffens eigentlich meine Aufgabe als Generalsekretärin war. Und jetzt bekam ich Anrufe von anderen Arbeitsgruppenmitgliedern, die mir von Versammlungen erzählten, von denen ich keine Ahnung hatte. Aber im ersten Moment machte ich mir keine Sorgen darüber. Ich wusste, dass es momentan viele Spannungen in der Organisation gab, die das sonderbare Verhalten von ansonsten vernünftigen Genossen wie Ncesh erklärten. Ich war so naiv, dass ich überhaupt nicht daran dachte, jemand könnte mich hintergehen. Schließlich wusste ich, dass ich meine Arbeit gut machte.

Doch noch bevor ich eine Entscheidung treffen konnte, ob ich einfach uneingeladen zur Versammlung gehen sollte, statteten mir Ncesh und Zuki, die für das Fundraising zuständig war, einen Besuch ab. Sie wollten mir offiziell mitteilen, dass ich weder an dieser noch einer zukünftigen Sitzung teilnehmen dürfe. Ich fragte nach dem Grund, und Ncesh antwortete, dass sich andere Arbeitsgruppenmitglieder in meiner Gegenwart »unwohl« fühlten.

»Wieso sollte sich denn auf einmal jemand in meiner Gegenwart unwohl fühlen? Ich habe in den letzten Monaten sehr eng mit diesen Leuten zusammengearbeitet«, fragte ich Ncesh.

Sie gab mir keine befriedigende Antwort, und ich fragte auch nicht weiter nach. Schweren Herzens musste ich mir eingestehen, dass passiert war, was ich nie für möglich gehalten hätte: Andile hatte andere Mitglieder der Organisation dazu mobilisiert, sich gegen mich zu stellen und meiner Amtsenthebung zuzustimmen, weil er Angst hatte, dass er mich nicht mehr kontrollieren konnte. Ich hatte miterlebt, wie er das anderen Leuten angetan hatte. Ich hatte ihm sogar dabei geholfen. Wir hatten auf diese Weise viele brillante, kämpferische Leute aus der Organisation gemobbt. Auf einmal gingen mir ihre Namen alle im Kopf herum. Ihr einziger Fehler war es gewesen, in der Öffentlichkeit eine andere Meinung als Andile vertreten zu haben. Genau diesen Fehler hatte ich in den vergangenen Wochen begangen.

Zwei Wochen vor dem Imbizo wurde ich offiziell des Amtes der SNI-Generalsekretärin enthoben. Ich versuchte nicht, gegen diese Entscheidung anzukämpfen. Ich wusste, ich hatte zwei Möglichkeiten: Entweder kroch ich zu Andile zurück und bat ihn um Entschuldigung dafür, dass ich meinen eigenen politischen Idealen treu blieb, oder ich verließ Blackwash und fand ein neues politisches Zuhause. Ich wollte nicht der ANC-Jugendliga oder einer anderen Organisation der demokratischen Bewegung beitreten. Ich kannte mich auch nicht sehr gut mit anderen Organisationen aus. Aber ich musste Blackwash den Rücken kehren, denn wenn ich bliebe, würde ich nie etwas anderes als Andiles Marionette sein, genauso wie alle anderen in der Organisation. Das konnte ich einfach nicht mit mir vereinbaren. Der Gedanke war unerträglich.

Das SNI fand in Soweto statt. Es war eine dreitägige Veranstaltung. Ich war nur am Samstag da. Ich wollte nicht am Freitag gehen, dem Tag der Anmeldung, weil ich befürchtete, dass ich meine Akkreditierung nicht bekommen würde. Ich wollte mich nicht vor anderen Leuten blamieren, also beschloss ich, einfach am nächsten Tag aufzutauchen und mein Glück zu versuchen. An dem Tag wurden nur akkreditierte Delegierte erwartet, und ich dachte, die Chancen stünden besser, dass ich irgendwie reinkommen würde. Außerdem, wenn man mich schon bei der Anmeldung von der Veranstaltung ausschließen würde, so war meine Überlegung, würde ich nie erfahren, wie die Diskussionen zu den wichtigen Themen und den Dokumenten liefen, die Ncesh und ich viele Stunden lang ausgearbeitet hatten.

Was ich an diesem Samstag mitbekam, überzeugte mich davon, dass die Bewegung keine große Zukunft hatte. Ich hatte das Gefühl, dass kaum eine wirkliche Auseinandersetzung mit den politischen Themen stattfand. Zum ersten Mal, seit ich mich Blackwash angeschlossen hatte, fiel mir auf, wie anarchisch unsere Mitglieder waren. Ständig stänkerten alle nur rum. Die Diskussionen arteten derart aus, dass sich die Teilnehmer nur noch in vulgären Beleidigungen zu übertreffen versuchten. Kaum jemand versuchte, mit vernünftigen Argumenten zu überzeugen. Einige der Delegierten waren betrunken, und andere hatten anscheinend noch nicht einmal die Diskussionspapiere gelesen, zumindest mangelte es ihren Beiträgen an relevanten Inhalten. Als einer der Teilnehmer vorschlug, dass einer der Beschlüsse dieses Imbizo eine radikale Forderung an den Coca-Cola-Konzern in Höhe von 8 Millionen Rand sein solle – was auch noch mit tosendem Applaus aufgenommen wurde –, da wusste ich, dass bei diesem SNI nichts rauskommen konnte. Alle brüllten nur wild ihre Meinungen in den Raum, ohne wirkliche Anstrengungen zu unternehmen und einen vernünftigen und machbaren Aktionsplan zu entwerfen, der etwas gegen diese »neurotische Situation« unternahm, unter der die Schwarzen litten. Von einer Kampfansage gegen Armut und Elend ganz zu schweigen. Das SNI hatte darin versagt, einen intelligenten Diskurs zu führen oder zu leiten.

Ich war wütend. Ich war am Boden zerstört. Nicht nur weil das SNI, ein Hoffnungsschimmer für junge Leute aus den Townships wie ich, sich in heiße Luft aufgelöst hatte, noch bevor es richtig in Fahrt kommen und sich als ernst zu nehmende Veranstaltung etablieren konnte. Sondern auch, weil die reine Tatsache, dass das passiert war, mich einmal mehr befürchten ließ, der Schlüssel für die Emanzipation des schwarzen Volkes liege doch in euren Händen, und mir bliebe nichts anderes übrig, als mich euch anzuschließen. Aber allein der Gedanke, dass ihr vom ANC es sein würdet, die die Geschichte der Schwarzen neu schreiben sollten, kam mir so abgeschmackt vor. Das SNI war ein Misserfolg gewesen, aber das konnte doch nicht heißen, dass es für die Linke in Südafrika nicht noch ein anderes Vehikel gab! Hoffentlich nicht.

Ende September packte ich meine Koffer und fuhr nach Kapstadt. Ich hatte das Angebot des AIDC angenommen, dort ein Praktikum zu machen. Die Organisation zahlte meine Unterkunft in Kapstadt, meinen Flug und andere Dinge, die ich benötigte. Ich bekam sogar ein sehr großzügiges monatliches Gehalt, mehr als genug Geld für mich, da ich nur für mich selber sorgen musste. Es war der Anfang eines neuen Kapitels in meinem Leben als junge Frau, die versuchte, in der zivilgesellschaftlichen Politik Fuß zu fassen.

Die meiste Zeit war ich sehr glücklich beim AIDC, obwohl es überhaupt nicht so war, wie ich mir vorgestellt hatte. Ich hatte eine radikale Umgebung erwartet, voller leidenschaftlicher Idealisten wie ich. Stattdessen waren die Leute hier fast schon konservativ. Ich fühlte mich sofort zu drei Mitarbeitern hingezogen, einem jungen Volontär namens Mzulungile Cabanga, einer Projektleiterin und panafrikanischen Aktivistin namens Thembeka Majali und der Empfangsdame Noma, die wie eine Mutter für uns alle war. Wir vier waren wie eine kleine Familie. Jeden Morgen tranken wir zusammen Tee, und die Wochenenden verbrachten ich entweder mit Mzu oder mit Thembeka, die mich unter ihre Fittiche genommen hatte und mich in die Politik einführte.

Die Politik des AIDC war mir nicht ganz geheuer, weil ich hinter ihrer progressiven Fassade ein bösartiges Geschwür entdeckte: Rassismus. Brian Ashley, der Direktor, war ein progressiver Aktivist, der sich in der Black-Consciousness-Bewegung in den Achtzigern seine Hörner abgestoßen hatte, und Mark Weinberg, sein Stellvertreter, war ein Humanist, der sich für Frieden und Eintracht einsetzte. Aber ich hatte immer das Gefühl – und vielleicht war ich etwas zu streng mit den beiden –, dass insbesondere Brian seine weiße Maske noch nicht richtig abgelegt hatte.

Dieses schlechte Gefühl bestätigte sich für mich, als ich später während meines Praktikums bei der Organisation von öffentlichen Diskussionen half. Diese Diskussionen boten ein Schauspiel weißer Arroganz. Schwarze mussten sich mit der Rolle der Zuschauer zufriedengeben und durften höchstens mal schon vorher beschlossene Entscheidungen und Stellungnahmen der sogenannten progressiven Linken absegnen, die hauptsächlich aus weißen Intellektuellen bestand.

Wir luden immer lokale Nichtregierungs- und Bürgerorganisationen zu den Diskussionen ein, bei denen die Sprecher, einer nach dem anderen, auf einem Niveau debattierten, das eindeutig viel zu hoch für die schwarzen Graswurzelaktivisten aus den örtlichen Gemeinden war. Bei einer Diskussion insbesondere ging mir der Hut hoch. Es war eine Debatte um die staatliche Krankenversicherung, die die Regierung einführen wollte, und Ziel war es gewesen, dass die Diskussion die Meinungen der Bürger widerspiegeln sollte. Doch die Podiumsgäste waren wieder nur weiße Intellektuelle. Sie redeten endlos davon, was die Konsequenzen dieses Gesundheitssystems sein würden. Die Diskussion verlor sich in fachspezifischen Einzelheiten. Man könnte vielleicht davon ausgehen, dass die Leute, die sich mit einem solch komplexen Thema auseinandersetzten, zumindest die Diskussionspapiere gelesen hätten, aber das war nicht der Fall. Stattdessen waren viele junge Leute da, manche von ihnen noch Schüler. Die Erwachsenen unter den Zuhörern hatten anscheinend die Papiere auch nicht gelesen. Der Mangel an relevanten Fragen ließ meines Erachtens nur eine Schlussfolgerung zu: Hier hatte man einfach eine Truppe Aktivisten von der Basis hingesetzt – vielleicht sogar dafür bezahlt – und ihnen die Anweisung gegeben, dass sie mit allem einverstanden sein sollten, was der Geldgeber ihres Ausflugs vorschlug – das AIDC. Ich war außer mir vor Wut!

Nach der Diskussion stellte ich meine Kollegen zur Rede und fragte sie, warum sie den Armen solche Arroganz und Verachtung entgegenbrachten, sie zu reinen Statisten in einer Veranstaltung zu reduzieren, deren Ausgang längst von weißen Intellektuellen vorbestimmt worden war. Als niemand antwortete, ging ich zu Brian und stellte ihm die gleiche Frage.

»Haben diese Leute die Diskussionspapiere im Vorfeld überhaupt zu Gesicht bekommen? Haben wir sie ihnen per Mail geschickt?«

Brian gab zu, dass wir das nicht getan hatten. Ich fragte: »Was war denn der Sinn, sie überhaupt dort zu haben, wenn man ihnen noch nicht einmal die Möglichkeit gab, sich mit dem Thema auseinanderzusetzen, das diskutiert werden sollte? Wieso hat man sie eingeladen und dorthin gekarrt? Verachten wir die Armen so sehr? Sind wir so arrogant zu denken, wir schuldeten ihnen nicht zumindest die Möglichkeit, uns auf Augenhöhe zu begegnen?«

Brian wollte die Diskussion auf den nächsten Tag in seinem Büro vertagen, wo wir die Angelegenheit weiter besprechen konnten. Ich war so wütend, dass ich ihm als Antwort beinahe den Mittelfinger gezeigt hätte. Meine Vernunft hielt mich gerade noch davon ab, aber als ich mich von ihm abwandte, hatte ich dennoch den Respekt vor ihm und der Organisation verloren.

Das Treffen am nächsten Morgen änderte nichts an meiner Wut. Ich musste der hässlichen Wahrheit ins Auge sehen, die Blackwash und das SNI schon längst erkannt hatten: Das elitäre Vorherrschaftsdenken der Weißen war so fest verwurzelt, dass selbst die Progressivsten unter ihnen es nicht abschütteln konnten. Am Abend zuvor hatte ich schon für mich den Entschluss gefasst, dass ich meine Zeit und Energie unbedingt wieder der Black-Consciousness-Bewegung widmen musste. Sonst würde ich den Verstand verlieren.

Ich beendete mein Praktikum beim AIDC im Dezember 2010, blieb aber noch einen Monat länger in Kapstadt, um eine Entscheidung zu treffen, wie es für mich und meine politische Arbeit weitergehen sollte. Ehe ich mich wieder mit Herz und Seele einer Bewegung verschrieb, die angeblich für eine Sache eintrat, an der mir so viel lag, wollte ich diesmal Gewissheit haben, dass ich die Entscheidung nicht bereuen würde. Mit den progressiven Weißen, die ich kennengelernt hatte, wurde ich nicht warm, und ganz sicher wollte ich nicht wieder den Fehler begehen, mich fehlgeleiteten schwarzen militanten Aktivisten anzuschließen.

Nachdem ich im Januar 2011 wieder nach Johannesburg zurückgekehrt war, widmete ich mich ganz der Gemeindearbeit im Khanya College. Diese Erfahrung wird mir für immer am Herzen liegen, denn dort lernte ich, wie wichtig es ist, dass die Leute an der Basis selber an der Lösung ihrer Probleme beteiligt sind.

Julius Malemas Einfluss

Selbst nach dem entmutigenden Erlebnis mit Blackwash und dem September National Imbizo wollte ich immer noch daran glauben, dass die panafrikanische und die Black-Consciousness-Bewegung mein politisches Zuhause waren. Ich hatte mich oft gefragt, ob ich wirklich zu diesen Menschen gehörte, die mehr damit beschäftigt schienen, die Nostalgie der Apartheidära aufrechtzuerhalten, als an neuen Lösungen für das Problem der anhaltenden Gewalt zu arbeiten, die das Leben der Schwarzen prägt.

Ab und zu saß ich einfach alleine da und dachte lange über meine politische Zukunft nach. Dabei kam mir auch immer wieder der Gedanke, mich eurer Partei anzuschließen. Oft nahm ich ein Blatt Papier zur Hand und unterteilte es in zwei Spalten. Auf einer Seite schrieb ich »Gründe, Mitglied des ANC zu werden« und auf der anderen »Gründe, kein Mitglied des ANC zu werden«. In der zweiten Spalte standen immer mehr Gründe als in der ersten, was mich darin bestätigte, dass meine politische Einstellung sich mehr mit der Black-Consciousness- und der panafrikanischen Bewegung deckte als mit der engstirnigen nationalistischen Haltung, die ich mit dem ANC verband. Und so widerstand ich immer wieder der Versuchung, mich euch anzuschließen. Außerdem fand ich Kraft und Inspiration in den Worten Kwame Nkrumahs, des ehemaligen Premierministers und Präsidenten von Ghana, der gesagt hat: »Das Hauptziel aller schwarzen Revolutionäre in der Welt sollte Afrikas totale Befreiung und Vereinigung unter einer gesamtafrikanischen sozialistischen Regierung sein. Dieses Ziel, wenn es denn erreicht wird, wird zur Erfüllung der Hoffnungen und Träume aller Afrikaner und Menschen mit afrikanischer Abstammung in der ganzen Welt führen. Und gleichzeitig wird es einen bedeutenden Fortschritt für die internationale sozialistische Bewegung darstellen.«

Ich glaube nicht, dass ihr vom ANC eine solche Aussage unterstützen würdet oder dass eure Haltung damit vereinbar wäre. Und trotzdem reservierte ich aus sentimentalen Gründen in meinem Herzen immer noch einen Platz für die ANC-Bewegung, der mein ganzes Umfeld während meiner Kindheit ewige Loyalität geschworen hatte.

Ich beschloss, mich erst einmal gründlich über jede Organisation zu informieren. Erst wenn ich die Diskussionspapiere gelesen und die politische Linie genau verstanden hätte, würde ich in Erwägung ziehen, Mitglied einer Organisation zu werden. Eigentlich war ich mir sicher, dass ich mich am Ende entweder für den Panafrikanistischen Kongress von Azania PAC, die Sozialistische Partei von Azania SOPA oder die Organisation des azanianischen Volkes AZAPO entscheiden würde. Wenn mir zu dem Zeitpunkt jemand gesagt hätte, dass die Organisation, mit der ich mich identifizieren würde, zur ANC-Bewegung gehörte, hätte ich ihn ausgelacht.

Während ich mich intensiv damit beschäftigte, welche politische Richtung ich einschlagen sollte, weckte der Präsident der ANC-Jugendliga, Julius Malema, meine Aufmerksamkeit. Er verkörperte für mich schon seit längerer Zeit alles, was die Jugend dieses Landes meines Erachtens nach repräsentieren sollte: einen großen Kampfgeist und eine grenzenlose Unerschrockenheit. Aber erst als die ANCYL unter Malema sich öffentlich für die Verstaatlichung der Minen aussprach, begann ich enormen Respekt vor Genosse Malema zu haben. Zum ersten Mal seit Langem konnte ich mich wieder mit der Politik der Jugendliga identifizieren.

Seit der unerwarteten Amtsniederlegung des ehemaligen ANC-Vorsitzenden und Staatspräsidenten Thabo Mbeki hatte das Land das politische Geschehen nicht mehr so gebannt verfolgt wie jetzt, als die ANC-Jugendliga forderte, die Minen zu verstaatlichen. Gegner argumentierten, dass eine Verstaatlichung nur kapitalistische Interessen fördere, weil sie nichts als eine Rettungsaktion für verschuldete Privatunternehmen sei, die infolge der weltweiten Rezession von 2008 zahlungsunfähig waren. Diejenigen, die diesen Aufruf unterstützten, sahen ihn als wichtigen Schritt, die drei wichtigsten Probleme im Land zu lösen: Arbeitslosigkeit, Armut und ungleiche Raumentwicklung. Es gab auch Leute, die grundsätzlich für Verstaatlichungen waren, den konkreten Plänen der ANCYL aber nicht zustimmten. Diese Leute meinten, dass Südafrika nur »ein zweites Simbabwe« würde, sollte der Vorschlag der Jugendliga umgesetzt werden. Dieses Argument überzeugte mich nicht, weil ich wusste, dass in anderen Ländern wie Sambia nicht die Verstaatlichung, sondern die Privatisierung der Minen zu Armut und Arbeitslosigkeit geführt hatte.

Ich zählte zu den Unterstützerinnen des Aufrufs, die Minen zu verstaatlichen. Ich war auch für die Landnahme ohne finanzielle Entschädigung. Es war mir immer schon ein Dorn im Auge, dass wir in einem Land lebten, in dem eine Minderheit von Siedlern ein Druckmittel in der Hand hatte, um die gesamte einheimische Bevölkerung zu erpressen und sie in den Ketten der Wirtschaftssklaverei zu halten. Die Bergbauindustrie erwirtschaftete Millionen von Rand, und nur einige wenige profitierten von den Mineralien und anderen Rohstoffen, während viele in Armut lebten.

Überhaupt liegt mir die Landfrage sehr am Herzen. Ich finde es grauenhaft, dass weniger als zehn Prozent der Bevölkerung zwei Drittel des Landes kontrollieren, wohingegen Einheimische afrikanischer Herkunft sich mit Sozialwohnungen begnügen oder gar in Elendsvierteln hausen müssen. Allein der Gedanke, dass die Regierung das Land zurückkaufen solle, scheint mir absurd. Nichts in der Geschichte unseres Landes rechtfertigt den Vorschlag, dass eine schwarze Regierung ihre Mittel dafür aufwenden soll, das Land zurückzukaufen, das rechtmäßig unserem Volk gehörte.

Aber ich verstand die komplexe Dynamik hinter dem Aufruf der ANC-Jugendliga. Ich verstand, dass eine radikale Land- und Agrarreform für Schwarze undenkbar war, nachdem sie jahrhundertelang von jeglichen politischen und wirtschaftlichen Entscheidungen in Bezug auf Landfragen ausgeschlossen waren. In der Realität ist Landbesitz nicht so romantisch, wie Landrechtsaktivisten es gern darstellen. Es geht nicht darum, dass schwarze Familien auf einmal mehrere Hektar Land ihr Eigen nennen dürfen. Es geht um nachhaltige Landwirtschaft, um die Produktivität sicherzustellen und die Nutzung zu optimieren. Außerdem muss gewährleistet werden, dass es auch einen Markt für das gibt, was dort produziert wird. Landwirtschaft ist weder einfach noch billig. Gelder, Know-how und Erfahrung sind notwendig – Ressourcen, die Schwarze leider meist nicht haben, da sie nicht in einer Umgebung aufwachsen, in der die Leidenschaft für die Landwirtschaft gefördert wird.

Hingegen wachsen viele weiße Kinder auf Farmen auf, oder ihre Eltern haben ein Landgut, das sie als Feriendomizil nutzen. Ihr Interesse an der Landwirtschaft ist das Resultat dieser Erziehung. Wenn man jemandem wie mir, die ich in Soweto aufgewachsen bin und gar nichts über Landwirtschaft weiß, heute eine Farm geben würde, was sollte ich denn damit anfangen? Ich habe noch nie Zeit auf einer Farm verbracht und kenne mich mit Landwirtschaft überhaupt nicht aus. In unseren Townships gibt es keine Gemüsegärten. Wir haben höchstens einen zubetonierten Hof. Am nächsten dran ans Gärtnern kommen wir, wenn wir die paar Grashalme gießen, die wir unseren Garten nennen. Der Aufruf zur Landenteignung ist also eher sentimentaler als praktischer Natur. Aber ich habe diese Idee trotzdem unterstützt und bin bereit, dafür zu kämpfen, weil diese Auseinandersetzung notwendig für unser Land ist.

Obwohl ich diesen radikalen Wandel der Jugendliga begrüßte, war ich immer noch skeptisch, ob ich Mitglied werden sollte. Aber ich bewunderte die Führungsqualitäten von Genosse Malema und wusste, wenn es je einen Zeitpunkt für ich gegeben hatte, mich der ANC-Bewegung anzuschließen, dann war er jetzt. Die Jugendliga würde lange nicht wieder so dynamisch sein wie unter der Führung von Genosse Malema. Es hatte Jahre gedauert, bis die ANCYL sich so radikalisiert hatte. Es war ein entscheidender Moment in der Politik Südafrikas, zumindest was die Rolle der Jugend betraf. Die Jugend war bereit, sich für etwas Wichtiges einzusetzen, und selbst wenn in der Sache, für die gekämpft wurde, etwas Naivität mitschwang, atmete sie auch einen revolutionären Geist.

Doch ein paar Monate nach der gewonnenen Wiederwahl – es gab keinen Gegenkandidaten – wurden die Fäden für den Untergang Julius Malemas gesponnen – von ihm selber und von euch. Die Presse bombardierte uns mit Geschichten über seinen Rausschmiss aus der ANC-Jugendliga, nachdem er »unbesonnene« Aussagen über die Regierung von Botswana gemacht hatte. Er hatte sie als »Marionettenregierung« bezeichnet. Botswana sei ein »Türöffner für den Imperialismus« auf dem afrikanischen Kontinent. Malema hatte es gewagt zu fordern, dass die Jugendliga die Opposition bei einem Sturz der Regierung unterstütze. Aus diplomatischer Sicht war diese Aussage ein großer Fauxpas gewesen. Der Jugendliga stand es nicht zu, solche Äußerungen zu machen, denn ihre Aufgabe ist es, die Jugend für den ANC zu mobilisieren und von innen heraus die Politik des ANC neu auszurichten. Aber manchmal will die Wahrheit einfach ausgesprochen werden, und es war eine Wahrheit über die Regierung Botswanas, der viele von uns zustimmten. Ein Jahr später sollte ich mit Jugendorganisationen arbeiten, die versuchten, die sture Regierung Botswanas dazu zu bewegen, die afrikanische Jugendcharta zu ratifizieren und umzusetzen. Ich sollte mich immer daran zurückerinnern, wie recht Malema damals gehabt hatte.

Am 1. März 2012 erwachte Südafrika zu den Schlagzeilen, dass Genosse Julius aus der Partei ausgeschlossen werden sollte. Das ganze Land war in Aufruhr. Viele von uns, die diesen Fall seit August des vergangenen Jahres mitverfolgt hatten, hatten wohl erwartet, dass er in seinem Amt suspendiert, nicht aber aus der Partei rausgeschmissen werden würde. Er hatte die Möglichkeit, diese Entscheidung anzufechten oder wenigstens bis zum Parteitag in Mangaung hinauszuzögern, der im Dezember stattfand. Dort könnte er Abgeordnete dazu bewegen, die Entscheidung zu revidieren. Aber es sah nicht danach aus, als ob ihm das gelingen würde, also fanden die meisten von uns sich damit ab, dass die ANC-Jugendliga einen ihrer vielversprechendsten Führer verlieren würde.

Der Untergang von Genosse Julius traf mich schwerer, als ich es mir je vorgestellt hätte, vielleicht weil ich etwas in ihm sah, mit dem ich mich identifizieren konnte. Malema stand aber auch für einiges, womit ich nicht einverstanden war. Ich hielt ihn für einen unerträglichen männlichen Chauvinisten. Zu dieser Meinung war ich nach Jacob Zumas Vergewaltigungsprozess gelangt, als Malema die »Freunde von Jacob Zuma«-Brigade angeführt und damit eine Hetzkampagne gegen die Frau angezettelt hatte, die Zuma der Vergewaltigung bezichtigte. Er hatte sie als »Bauernopfer« im politischen Schachspiel bezeichnet und ihr vorgeworfen, die Vergewaltigung erfunden zu haben. Auch war ich nicht damit einverstanden, wie er mit älteren Genossen sprach. Wenn man mit Älteren diskutiert, sollte man immer ein gewisses Maß an Respekt zeigen, auch wenn die Meinungen auseinandergehen. Das ist ein Prinzip, an dem ich festhalte – Malema tut dies eindeutig nicht. Und trotz alledem glaubte ich fest daran, dass Genosse Julius ein ungeschliffener Diamant war. Ich sah in ihm die Zukunft Südafrikas, und diese Zukunft würde triumphieren.

Eines Abends, als ich auf meinem Bett saß, brach ich aus heiterem Himmel in Tränen aus, als ich daran dachte, wie es ihm erging. Auf gewisse Weise weinte ich auch für die vielen armen Schwarzen, deren Stimmen nicht erhört wurden, die nun niemanden hatten, der das Wort für sie ergreifen und der die Brutalität der Situation, in der wir Schwarzen uns wiederfanden, verstehen würde. Denn ihr vom ANC hattet schon vor langer Zeit vergessen, was diese krankhafte Situation bedeutete – schon indem ihr es zuließt, dass sich Misswirtschaft und Korruption in euren Reihen breitmachten, zwei Krebsgeschwüre, die das moralische Fundament unserer Gesellschaft untergraben. Und definitiv dann, als ihr beschlosst, es sei die richtige Entscheidung, einen amtierenden Präsidenten aus dem Amt zu werfen, der viel für die Entwicklung unseres Landes getan hatte. Manche räumten ein, dass auch Genosse Julius diese Übel in sich getragen habe, dass auch er korrupt gewesen sei. Ich möchte mich nicht auf eine Debatte darüber einlassen, weil es keine Beweise gibt. Ja, er stellte einen vulgären Reichtum zur Schau, kaufte Häuser in den Vierteln der Reichen, um sie dann abzureißen und neue zu bauen, er fuhr Luxusautos und trank teuren Alkohol in Edelrestaurants. Und natürlich war dieses Verhalten nicht richtig. Aber Genosse Julius war uns dennoch am nächsten, näher als sonst jemand zu dem Zeitpunkt. Er verstand unsere Probleme und artikulierte sie richtig. Niemand konnte das so gut wie er, denn er kannte sie aus eigener Erfahrung. Er hatte unter denselben Bedingungen in Townships gelebt wie wir. Er konnte sich mit den Millionen von uns identifizieren, die sich nichts sehnlicher wünschten, als sich nicht mehr darüber sorgen zu müssen, wie die nächste Mahlzeit auf den Tisch kommt.

Ich war wütend und machte meinem Ärger auf Facebook Luft. Was ich damals schrieb, war, dass ich junge Leute dazu herausfordern wollte, die Situation des ANC mal aus einer anderen Perspektive zu sehen, und zwar nicht aus der Sicht, die Medien und Führungspersonen und Mitglieder des ANC und der ANCYL vertraten: nämlich dass Malema das bekam, was er verdiente. In dieser Interpretation der Dinge war Malema selber schuld an seiner Situation, weil er innerhalb des Bündnisses Unruhe gestiftet habe. Mit seinem »unbesonnenen« Verhalten habe er die Autorität der ANC-Führungspersonen und die revolutionäre Disziplin untergraben wollen, welche die älteste Freiheitsbewegung auf dem afrikanischen Kontinent kultiviert hatte. Die gegenteilige Meinung lautete, dass Malema der Sündenbock einer rücksichtslosen Ellenbogenpolitik sei. Er zahle nur den Preis dafür, Antworten auf legitime Fragen von denjenigen gefordert zu haben, die diese Fragen nicht in der Öffentlichkeit diskutiert sehen wollten, nämlich von euch, der Führungsriege des ANC.

Denjenigen von uns, die nicht in die internen Angelegenheiten des ANC und der Jugendliga eingeweiht waren und die ebenso die Darstellungen der sensationslüsternen Presse ablehnten, blieb nichts anderes übrig, als sich selber einen Reim auf die ANC-interne Krise zu machen und sich auf ihren gesunden Menschenverstand zu verlassen. Ich versuchte, die Situation nicht aus einer politischen Perspektive zu betrachten, sondern stattdessen aus einer soziologischen.

Malema hätte zu vielen Zeitpunkten in seiner politischen Karriere von vielen Leuten gerettet werden können, aber diese Möglichkeiten waren absichtlich nicht wahrgenommen worden. Das Resultat war, dass einem Mann, der ein riesiges Potenzial hatte, die Zukunft Azanias in eine neue Bahn zu lenken, ein politischer Schlag versetzt wurde, sodass seine Botschaft nicht mehr von denen gehört werden konnte, für die sie bestimmt war.

Malema wurde vom ANC-Disziplinarausschuss, von den Mitgliedern des ANC und von der ganzen Bevölkerung beschuldigt, für die internen Probleme der Partei verantwortlich zu sein. Er wurde beschuldigt, das Krebsgeschwür zu sein, das die demokratische Bewegung befallen und gelähmt hatte. Manche Leute gingen sogar so weit zu behaupten, dass der Verlust an Wählerstimmen für den ANC während der vergangenen Wahl auch auf Malemas radikale Äußerungen zurückzuführen sei, die er in den letzten paar Jahren gemacht hatte. Ich glaube, dass diese Behauptungen nichts weiter als ein Versuch waren, Malema zum Sündenbock für ein Problem zu machen, an dem wir alle schuld sind und das man schon im Anfangsstadium hätte behandeln müssen.

2008, ein Jahr, in dem das Land dunkle Zeiten durchmachte, war Julius Malema der Hoffnungsträger einer Fraktion gewesen, die alles daran setzte, die Partei von dem zu befreien, was sie als ihr größtes Problem ansah. Bei einer Veranstaltung, bei der auch der ANC und die Jugendliga anwesend waren, sagte Julius Malema: »Das Problem in diesem Land sind Thabo Mbeki und seine Leute.« Damit wollte Malema sagen, dass der damalige Präsident der Republik Südafrika und seine Regierung die Ursache der gesellschaftlichen und politischen Probleme seien, mit denen das Land gerade zu kämpfen hatte. Malema führte eine bösartige Kampagne an, um einen demokratisch gewählten Präsidenten aus dem Amt zu drängen, und wendete dazu Methoden an, zu denen sich kein Genosse herablassen sollte, Methoden, die bei wahren Patrioten einen bitteren Nachgeschmack hinterlassen hätten. Interessanterweise galt Malema, auf dem Höhepunkt seines schlechten Benehmens, niemals als undiszipliniert oder unüberlegt. Er galt einfach als radikaler junger Mann, der sich nicht scheute, Autoritätspersonen die Wahrheit ins Gesicht zu sagen. Wir klatschten alle Beifall, als er sprach, auch wenn er den Älteren keinen Respekt zollte. Erzbischof Desmond Tutu sagte einmal: »Wer sich in ungerechten Situationen neutral verhält, der stellt sich damit auf die Seite der Unterdrücker.« Diese Aussage trifft sehr gut auf die Reaktion unserer Gesellschaft auf Malemas Verhalten zu. Wir entschuldigten sein Vorgehen damit, dass er ein radikaler Geist war, oder wir taten es einfach mit einem Schulterzucken ab und dachten nicht weiter darüber nach, was unsere gleichgültige Reaktion auf sein ungehobeltes Verhalten für Folgen haben würde.

Schon damals sah es so aus, als ob das Ende von Malemas politischer Karriere bald bevorstünde. Er stand kurz vor dem Rausschmiss aus einer Organisation, der er Jahre seines Lebens gewidmet hatte, einer Organisation, die er ausdrücklich als sein »Zuhause« bezeichnete. Viele Leute grinsten einfach nur selbstgefällig, blieben schön in ihrer Ecke und sagten: »Er benimmt sich so schlecht und muss gehen!« Wenige nutzten die Gelegenheit, darüber nachzudenken, was für eine Rolle sie selber bei Malemas Untergang spielten. Und was sie dabei auch nicht bedachten, war, dass das Ende Malemas noch ganz andere Implikationen für das Land hatte, die über das Begleichen offener Rechnungen und politische Rachefeldzüge hinausgingen.

Es steht völlig außer Frage, dass die ANC-Jugendliga unter Malema das eine Thema wieder zur Debatte gebracht hatte, das unser Land systematisch aus dem politischen Diskurs verbannt hatte: die Rassenfrage. Die ANCYL unter Malema ging angriffslustig in die Offensive und zeigte auf, wer der Feind war: das System, das auf der Unterdrückung der Schwarzen beruhte, das System, das Afrophobie institutionalisiert hatte. Der Eifer, mit dem die ANC-Jugendliga dieses Problem anging, war notwendig, denn er stachelte uns alle an und zwang uns, darüber nachzudenken, wo wir selber standen, in einem Azania, das immer wieder Wahrheiten unter den Teppich kehrt, weil es lieber faule Kompromisse eingeht, als wichtige Probleme zu lösen. Diesem Eifer war es zu verdanken, dass Menschen endlich langsam ein Selbstbewusstsein entwickelten, die zuvor fast vergessen hatten, dass auch sie ein Anrecht auf einen Platz in dieser Schwarzen gegenüber feindlichen Welt hatten.

Natürlich war Malema nicht schuldlos an dem Ganzen. Aber ich glaube, dass niemand von uns das war. Wir, das Volk, müssen uns bewusst machen, dass es unsere Verantwortung ist, diesen politischen Machenschaften, die sich auf dem afrikanischen Kontinent immer mehr breitmachen, ein Ende zu setzen. Wir als Volk – ob wir nun zu den Aktivisten oder der normalen Bevölkerung gehören – müssen gegen so ein schlechtes Verhalten aufbegehren, sobald es irgendwo aufkeimt. Und selbst wenn es unseren eigenen Zielen förderlich ist, so dürfen wir es nicht tolerieren, denn was heute schlechtes Verhalten zu unseren Gunsten ist, kann sich morgen schon zu schlechtem Benehmen gegen uns wandeln. Wenn wir es nicht schon im Keim ersticken, dann wird es irgendwann unsere revolutionären Errungenschaften in Gefahr bringen.

Mir wurde klar, dass Studentenorganisationen, die sozusagen zukünftige politische Führungskräfte produzieren, bei diesem Prozess mit gutem Beispiel vorangehen müssen. Das fängt damit an, dass man sich gegen Korruption in der Studierendenvertretung und die widerrechtliche Aneignung und Unterschlagung von Mitteln einsetzt. Es fängt damit an, dass man mit der Angewohnheit aufräumt, Vertreter auf der Basis von Beliebtheit anstatt aufgrund ihrer politischen Fähigkeiten zu wählen. Aber mehr noch fängt es damit an, dass wir alle vereint in den Kampf ziehen, um eine Gesellschaft zu schaffen, in der wir unsere Kinder aufwachsen sehen wollen. Wir können nicht so weitermachen, dass wir Probleme eskalieren lassen und erst etwas dagegen unternehmen, wenn sie sich in einer Krise manifestieren. Auf Sesotho sagen wir »thupa e kojoa e sale metsi« – einen Stock biegt man, solange er noch weich ist.

Meine Wut verrauchte langsam über die nächsten Monate. Ich akzeptierte, dass unser Land noch nicht bereit war für diesen Rausch, den es eines Tages erfahren würde. Ich wusste, dass eine Zeit kommen würde – und sicher noch solange ich lebte –, in der eine militante Jugendorganisation in den Kampf ziehen würde. Für mich war klar, dass der Untergang von Genosse Julius das Schicksal, das unserem Land bestimmt war, in die Zukunft verschoben hatte. Aber gegen das Schicksal kommt man nicht an. Eines Tages wird sich die südafrikanische Jugend gegen euch vom ANC auflehnen, denn an der Situation in unserem vom ANC regierten Land ist nichts in Ordnung. Nichts.

Einen Platz für den Panafrikanismus erstreiten

Mittlerweile war ich an der Rhodes-Universität eingeschrieben und im ersten Jahr meines Bachelorstudiums in Geowissenschaften. Ich hatte damit eine Chance auf höhere Bildung bekommen, die Hunderttausende junge schwarze Leute in unserem gegenwärtigen System niemals haben werden. Die radikale Jugendliga unter Malemas Führung hatte ein Saatkorn in mir gepflanzt, das gewässert werden wollte. Ich wollte zum andauernden Kampf der Schwarzen gegen ein unterdrückerisches System beitragen, ich wollte helfen, unsere Geschichte umzuschreiben. Ich war nun besessen von der Landfrage, und mir war klar, dass eine solche Neudefinition von schwarzer Identität untrennbar mit dem verbunden ist, worauf die Würde des Volkes beruht: seinem Land. Ich wollte eine Land- und Agrarrechts-Aktivistin werden, und dafür wollte ich studieren. Ich schrieb mich also für einen Bachelor in Sozialwissenschaften ein und entschied mich für die Schwerpunkte Geowissenschaften/Geografie und Betriebswirtschaft. Dazu belegte ich noch zwei Wahlkurse in Soziologie und Anthropologie.

Als ich in Grahamstown ankam, hatte ich fest vor, mich in der Studentenbewegung zu engagieren. Zu dem Zeitpunkt hatte ich schon Bekanntschaft mit der Politik der Studentenorganisationen, die dem ANC nahestanden, gemacht. Aber ich wollte mein Engagement in der Studentenbewegung mit meiner panafrikanischen Überzeugung verbinden.

Es gab einen Grund, weshalb ich mich für die Rhodes-Universität entschieden hatte, ein Elfenbeinturm der weißen Elite und gutbürgerlicher Privilegierter. Natürlich wäre ich lieber an der Universität des Westkaps gelandet, im Kreis progressiver Leute. Doch mein Entschluss, zur Rhodes zu gehen, war von meinem in jüngerer Vergangenheit geformten Glauben beeinflusst, dass es nötig war, in den Hochschulen in unserem Land einen Wandel von innen heraus zu bewirken. Wenn ein solcher Wandel stattfinden sollte, dann musste man sich leider in die Höhle des Löwen wagen, wo noch nicht mal eine vage Vorstellung existierte, wie so ein Wandel aussehen sollte – und wo man so einen Wandel auch nicht wirklich haben wollte. Wie ich meiner Mutter erklärte: An einer progressiven Universität zu studieren, sei sinnlos, da dort keine Veränderungen mehr zu bewirken waren. Als ich zur Stellenbosch-Universität ging, war ich eine junge und naive Achtzehnjährige gewesen, und ich war von dort geflohen, weil ich eine solch konservative Umgebung nicht hatte aushalten können. Aber jetzt war ich einundzwanzig, hatte viel dazugelernt und war um einiges stärker. Ich war bereit, es mit dem System der weißen Unterdrückung aufzunehmen, das dem Erfolg von schwarzen Studenten an unseren liberalen Universitäten im Wege stand.

Ich hatte sehr hohe Erwartungen, als ich an der Rhodes anfing. Ich wusste, dass es eine liberale Einrichtung war, und nahm also schon an, dass nur mäßiges politisches Interesse unter den Studenten herrschen würde. Aber als ich dort ankam, war ich regelrecht schockiert. Es existierten fast keine politischen Organisationen, und die wenigen, die es gab, waren so gut wie bedeutungslos angesichts der apolitischen Atmosphäre in der Institution. Die Progressive Jugendallianz, eine Dachorganisation für die ANCYL, die Kommunistische Jugendliga Südafrikas und die südafrikanische Studentenvereinigung SASCO, hatte fast überhaupt keine Präsenz. Es gab keine panafrikanischen Studentenorganisationen und auch keine, die der Black-Consciousness-Bewegung nahestanden. Keine einzige. Kaum ein Student hatte etwas mit

Studentenpolitik zu tun, und kaum einer wollte etwas damit zu tun haben.

Es gab ein paar akademische, kulturelle und Sportclubs, von denen ich die meisten ziemlich reaktionär fand. Ich fand, dass diese Clubs die Studentenschaft nur noch mehr zersplitterten und kontraproduktiv für die Art von Bewegung waren, die unser Kontinent brauchte. Ich fand auch, dass die Rhodes-Universität damit nicht die kulturelle Diversität förderte, sondern einen Nährboden für Stammesdenken an der Universität schuf. Das frustrierte mich sehr, und ich war fest entschlossen, etwas dagegen zu tun.

Als ich merkte, dass es tatsächlich keine andere politische Organisation außer der Progressiven Jugendallianz PYA gab, die dem ANC nahestand und der ich mich nicht anschließen konnte, weil sie keine panafrikanische Gesinnung verfolgte, beschloss ich, dass ich Mitglied gar keiner Bewegung werden, sondern irgendwann eine eigene Black-Consciousness-Organisation an der Uni ins Leben rufen würde. Keine leichte Aufgabe, weil die Rhodes University so liberal war. Die meisten Studentinnen und Studenten kamen aus der Mittelklasse, einschließlich der Schwarzen. Aus diesem Grund würde es schwierig sein, sie zu mobilisieren, besonders für die politischen Angelegenheiten, die mir am Herzen lagen.

An der Rhodes-Universität erlebte ich zum ersten Mal meine Frustration mit der schwarzen Mittelschicht. Bislang hatte ich mich nicht so sehr an ihr gestört, aber hier musste ich leider lernen, wie schädlich die Sozialisierung der Mittelschicht für den wichtigen Kampf um ein besseres Leben für unsere Brüder und Schwestern ist. Als ich sah, wie gleichgültig viele schwarze Studenten gegenüber dem Leid der Arbeiterklasse waren, verstand ich, dass ein schwarzes Kind, das nicht in einer Umgebung aufwächst, in der ihm die Bedeutung dieses Kampfs vermittelt wird, völlig gleichgültig gegenüber den tatsächlichen Lebensumständen der Einheimischen ist. Und dabei sollte diese Realität alle Afrikaner in unserem Land beschäftigen. Da ich in einer Township aufgewachsen bin, wo immer ein großer Sinn für Gemeinschaft herrschte, konnte ich nicht nachvollziehen, wie die schwarzen Studenten der Mittelklasse an der Universität so völlig teilnahmslos sein konnten.

Ich beschloss, zur Politisierung der Rhodes-Universität beizutragen, indem ich einen Buchclub gründete, in dem nur afrikanische Literatur besprochen würde. Ich unterhielt mich mit ein paar Kommilitoninnen und Kommilitonen über diese Idee und wusste sofort, dass mein Vorhaben scheitern würde. Die meisten von ihnen, selbst wenn sie ein wenig Interesse am Thema zeigten, konnten sich nicht vorstellen, sich einem Club anzuschließen, der als »rassistisch« angesehen werden würde. Das war sehr entmutigend für mich. Ich suchte nach einem kämpferischen politischen Zuhause. Ich wollte Aktivistin sein.

Es war Zeit für eine Entscheidung. Entweder verabschiedete ich mich von der Idee, eine politische Aktivistin zu werden, oder aber ich gründete eine politische Organisation, die, angesichts der apolitischen Haltung der Studenten und des extremen Liberalismus an der Universität sicher zum Scheitern verurteilt war. Es gab noch eine dritte Option: Ich könnte mich dem SASCO anschließen, die Organisation von innen heraus transformieren und sie sozusagen zu neuem Leben erwecken. Ich hatte schließlich den Parteitag in Mangaung im vorherigen Jahr miterlebt und wusste, dass der SASCO trotz seiner Beziehung mit dem ANC eine sehr progressive Organisation war, der man ihre widersprüchliche Beziehung zur regierenden Partei nachsehen konnte, wenn man bedachte, was für eine große Autonomie sie hatte. So überlegte ich lange hin und her, bis ich schließlich im September das Formular ausfüllte, um mich um eine Mitgliedschaft in der Organisation zu bewerben.

Mich der südafrikanischen Studentenvereinigung anzuschließen, war, wie ich fand, eine sehr mutige Entscheidung von mir. Viele Jahre lang war ich strikt dagegen gewesen, mich für die Politik der ANC-Bewegung zu engagieren, und ich war wild entschlossen gewesen, eine Alternative zu finden. Aber schließlich musste ich mich doch der Realität beugen: Es gab keine Studentenbewegung im Land, die so viel Einfluss und Potenzial wie der SASCO hatte, selbst in einer liberalen und apathischen Institution wie der Rhodes-Universität nicht. Mit dem SASCO hatten wir größere Chancen, Siege für die Studenten der Arbeiterklasse zu erringen, als mit anderen Organisationen. Das zu verleugnen, wäre einfach nur naiv gewesen.

Vieles am SASCO spiegelte das wider, was ich an euch verabscheute. Die Organisation teilte in negativer Hinsicht viele Eigenschaften mit der demokratischen Bewegung, Eigenschaften, die wir mit der Einführung der neuen demokratischen Ordnung kennengelernt hatten. Kandidatenlisten, politisches Geklüngel und Machtspielchen gab es schon auf den tiefsten Ebenen. Zwei Monate nachdem ich SASCO-Mitglied geworden war, wurde ich nach einer kontroversen Hauptversammlung zur Schriftführerin der Hochschulgruppe gewählt. Es war schon die dritte Versammlung in Folge, die vom amtierenden Vorstand abgebrochen wurde, weil dieser sein Amt nicht aufgeben wollte.

Meine Wahl in den Vorstand dieser Hochschulgruppe des SASCO hatte ihre Vorteile. Ich konnte endlich miterleben, wie die kleinste Einheit einer solchen Organisation operierte. Ich lernte viel. Trotzdem kündigte ich meine SASCO-Mitgliedschaft bereits im Dezember 2012 wieder, nach dem Parteitag in Mangaung. Ich war mir natürlich von vornherein bewusst gewesen, dass die Mitgliedschaft beim SASCO auch bedeutete, dass ich mich für den ANC-Wahlkampf engagieren musste. Aber erst nach Mangaung war ich mir darüber klargeworden, was das wirklich hieß: Ich würde junge Leute in unserem Land dazu mobilisieren müssen, für eine Partei zu stimmen, an deren Grundsätze und Ziele ich selber nicht glaubte. Im Namen der Organisationsdisziplin würde ich etwas tun müssen, was gegen meine eigenen Prinzipien verstieß. Ich würde jungen Leuten sagen müssen, dass es immer noch eine Hoffnung für unser Land gebe und dass diese Hoffnung in den Händen des ANC liege, dessen Führung ich im Grunde jedoch nicht einmal zutraute, einen Dorfladen zu betreiben. So sehr ich mich auch bemühte, ich konnte mich einfach nicht dazu überwinden. Zu einer solchen Täuschung war ich nicht fähig.

Malaika, Economic Freedom Fighter

Im Juni 2013 erhielt ich eine Nachricht von Floyd Shivambu, dem suspendierten ehemaligen Sprecher der ANC-Jugendliga. Er lud mich zu einem Treffen ein, in dem es um die Gründung einer neuen Bewegung, angeführt von Julius Malema, gehen sollte. Ich war überglücklich! Ein, zwei Wochen vor dieser Einladung hatte ich dem Blog *ZAGossip* ein Interview gegeben für einen Artikel über »dreißig junge Südafrikaner unter dreißig, die man kennen sollte«. Eine der Fragen hatte gelautet: Was würdest du tun, wenn du einen Tag lang Julius Malema sein könntest? Meine Antwort war gewesen: »Wenn ich einen Tag lang Malema sein könnte, dann würde ich eine neue politische Organisation gründen und Malaika Wa Azania bitten, meine Sprecherin zu werden. Ich respektiere und bewundere Malema sehr ...«

Ich verabredete mich mit den Genossen Julius und Floyd im Restaurant Nambitha in der berühmten Vilakazi Street nahe dem Hector Pieterson Square in Orlando West, Soweto. Es war das erste Mal in meinem Leben, dass ich Genosse Julius persönlich traf! Zwar hatte ich ihn schon auf der Versammlung der ANC-Jugendliga vor zwei Jahren gesehen. Bei der anschließenden Party für geladene Gäste, zu der ich einen guten Freund begleitet hatte, hatten wir gar nicht so weit weg voneinander gesessen. Aber ich hatte mich nicht getraut, zu ihm zu gehen und ein Gespräch anzufangen.

Das Treffen im Restaurant Nambitha war informell und dauerte nicht lange. Wir stimmten überein, dass die Gründung einer radikalen Jugendbewegung unglaublich wichtig für unser Land war und dass es keinen besseren Anführer als Julius gab, ein Mann, mit dem sich so viele junge Leute in unserem Land identifizierten. Ich stellte von Anfang an klar, dass ich kein Interesse daran hatte, eine Bewegung anzuführen, sondern viel lieber als Pressesprecherin arbeiten wollte, da Kommunikation meine Stärke sei. Ich machte mir keine Illusionen über meine Fähigkeiten. Ich wusste, dass ich nicht bereit dafür war, eine führende Rolle in solch einer Organisation zu spielen. Mit zweiundzwanzig Jahren hatte ich noch viel Zeit, innerhalb der Bewegung zu wachsen und dazuzulernen, bevor ich überhaupt in Erwägung zog, in die Führungsriege aufzusteigen.

Unsere erste Aufgabe, so beschlossen wir, war es, so viele Leute wie möglich zu mobilisieren, um uns in einem Forum zu beraten und die Richtung und Haltung der Bewegung festzulegen. Wir hatten noch nicht festgelegt, ob es sich um eine reine Bürgervereinigung handeln würde oder ob wir eine politische Partei gründen sollten. Das war eine Entscheidung, die wir anderen Mitgliedern überlassen wollten. Rückblickend ist mir klar, dass die Genossen Julius und Floyd mir gegenüber von Anfang an nicht ehrlich waren. Mittlerweile glaube ich, dass sie immer vorhatten, eine politische Partei zu gründen, die rechtzeitig für die Wahlen 2014 bei der unabhängigen Wahlkommission angemeldet werden sollte. Sie wollten mich glauben lassen, dass diese Entscheidung aus einem beratenden Forum hervorgehen würde, damit ich weiterhin mit ihnen arbeiten würde und weiterhin davon überzeugt wäre, dass sie diese Bewegung für unser Volk gründeten, statt damit irgendwelche offenen Rechnungen zu begleichen, von denen ich gar nichts wusste.

Wir legten sofort los. Noch am selben Tag fingen wir an, Anhänger in den sozialen Netzwerken zu mobilisieren. Wir eröffneten ein Twitter-Konto, legten eine Facebook-Seite an und ermutigten Leute, sich als Freiwillige für die Bewegung zu melden. Die Reaktionen waren überwältigend. In nur wenigen Tagen bekamen wir Tausende E-Mails und Nachrichten. Ich kam von meinem Laptop und meinem Handy gar nicht mehr weg. Junge Leute aus dem ganzen Land riefen mich an und mailten mir, um mir mitzuteilen, dass sie sich der Bewegung anschließen wollten. Ich schlief kaum. Meine Mutter, die Genosse Julius nicht traute und strikt dagegen war, dass ich Teil dieser Bewegung wurde, bot sich dennoch freiwillig als meine Assistentin an. Während ich vor dem Laptop saß, Anrufe entgegennahm und Informationen in ein Spreadsheet eintrug, das jede Minute länger wurde, versorgte sie mich mit Snacks und Getränken. Sie hatte sich damit abgefunden, dass ich mich dieser Bewegung anschließen würde, egal, ob sie ihren Segen gab oder nicht. Weil sie meine Mutter war, wollte sie meine Entscheidung unterstützen, selbst wenn sie damit nicht einverstanden war.

Die Economic Freedom Fighters (EFF) sollten meine persönliche Mission werden. So lange hatte ich nach einem politischen Zuhause gesucht, in dem ich mich richtig wohlfühlte. Ich war mit unheimlich vielen Leuten über viele Probleme uneins gewesen, und ich hatte mich Idealen verschrieben, die ich für richtig hielt, nur um mitansehen zu müssen, wie sich diese um mich herum unwiderruflich in heiße Luft auflösten. Ich wollte daran glauben, dass das hier endlich mein politisches Zuhause war, die Sache, der ich mein Leben widmen wollte.

Zwei Wochen nach der öffentlichen Bekanntgabe, dass der ehemalige Präsident der Jugendliga eine neue Massenbewegung gestartet habe, hatten wir unser erstes Treffen in einem Hotel im wohlhabenden Vorort Illovo in Sandton. Bei diesem Treffen wurden die Economic Freedom Fighters, wie wir sie heute kennen, geboren. Nur etwa dreißig Leute nahmen an dieser Versammlung teil, Julius' engste Vertraute und einige andere, von denen wir annahmen, dass sie Interesse daran hatten, Mitglieder der EFF zu werden. Darunter befanden sich Leute wie Kenny Kunene, der mittlerweile die Organisation verlassen hat, Mpho Ramakatsa, der zu dem Zeitpunkt eine Splittergruppe des ANC im Freistaat anführte, und andere junge Leute, die entweder enge persönliche Freunde von Genosse Julius waren oder Führungspersonen anderer Gruppen sowie Freunde der Jugendliga, die ihm seit seinem Ausschluss aus der Partei ihre Solidarität bekundet hatten.

Nur zwei Frauen nahmen an dem Treffen teil: ich und eine andere junge Frau, ein führendes Mitglied der ANC-Jugendliga, die ich zu ihrem Schutz nicht namentlich nennen werde. Alle nahmen Platz, während Genosse Julius auf einem Podest stand und uns begrüßte. Ich führte Protokoll und ließ eine Liste herumgehen, in die sich die Anwesenden eintragen sollten. Es entwickelte sich schnell eine hitzige Debatte. Einige Leute befürchteten, dass die EFF eine Bewegung für wütende junge Leute ohne politisches Programm werden könnten, während andere argumentierten, dass die Registrierung als politische Partei der einzig richtige Schritt sei, um die EFF zu legitimieren. Das war der allgemeine Konsens. Gegen Ende fragte Genosse Julius, ob wir alle in einem Boot säßen, und erlebte vermutlich den Schock seines Lebens, als die andere Frau, die während der gesamten Diskussion still gewesen war, aufstand und uns darüber informierte, dass sie unter keinen Umständen den EFF beitreten würde. Ihre Begründung war, dass sie in einer Familie groß geworden sei, der Familie des ANC. Sie war Mitglied in allen Organisationen der demokratischen Bewegung gewesen, einschließlich des SASCO, der Kommunistischen Jugendliga, der ANC-Jugendliga und des ANC selbst. Sie sei nicht bereit, so erklärte sie uns, den ANC einfach so zu verlassen, obwohl sie den Prinzipien der EFF und der Sache, für die sich die EFF einsetzen wollten, zustimme.

Ich war zutiefst bewegt, dass die Frau so ehrlich war und so fest an euch, den ANC, glaubte. Sie wusste, dass sie damit den

Zorn der Männer im Raum auf sich ziehen würde, besonders jenen Julius Malemas. Aber sie war nicht bereit, gute Miene zum bösen Spiel zu machen, auch nicht in einem Raum voller Leute, die für den ANC nicht viel übrighatten.

Genosse Julius verzog während der Rede der Frau nicht einmal das Gesicht. Er stand einfach nur da und sah sie an, nahm jedes Wort auf, das sie sprach. Aber es war trotzdem offensichtlich, zumindest für mich, dass er vor Wut schäumte, weil diese Frau es wagte, eine andere Meinung als er zu haben. Mein Verdacht bestätigte sich Monate später, als sie mir erzählte, dass Genosse Julius seit der Versammlung nicht mehr mit ihr gesprochen habe.

Wenige Tage später zeigten sich die ersten Risse bei den EFF. Der SASCO, in typisch provokanter Manier, gab eine Presserklärung heraus, in der die EFF niedergemacht und aufs Übelste beleidigt wurden. Genosse Floyd beschloss, dass wir darauf antworten sollten, und weil er gerade mit den Vorbereitungen für seine Prüfungen beschäftigt war, übertrug er mir diese Aufgabe. Es fiel mir nicht besonders schwer. Die SASCO-Meldung war voller Fehler, Ungereimtheiten und ideologisch haltlosen Anschuldigungen, die nicht schwierig zu entkräftigen waren. Ich antwortete also auf die kindischen Argumente der Studentenvereinigung und schickte dann das Dokument an beide, Genosse Floyd und Genosse Julius, zur Korrektur. Weil ich noch mit anderen Dingen beschäftigt war, als das Dokument zu mir zurückkam, warf ich nur einen kurzen Blick darauf, bevor ich das Okay gab, es in den sozialen Netzwerken zu veröffentlichen. Als ich mich ein oder zwei Stunden später auf Facebook einloggte, sah ich, dass mich Genosse Floyd auf unserer Presserklärung markiert hatte. Sie war Hunderte Mal kommentiert und geteilt worden. Ich las nicht alle Kommentare, aber die Erklärung selber überraschte mich sehr. Ich hatte eine vernünftige Antwort auf unvernünftige Anschuldigungen geschrieben. Jetzt las ich eine Beleidigung nach der anderen und kindische Hasstiraden, die jeder Grundlage entbehrten. Die Genossen hatten meine Erklärung umgeschrieben, um den SASCO persönlich zu beleidigen und unnötige Seitenhiebe auf die Führungspersonen des ANC zu verteilen. Ich war wütend, nicht nur, weil man einfach meine Erklärung umgeschrieben hatte, sondern weil ich schlicht nicht darüber wegkam, dass das, was gerade passierte, anscheinend jetzt dazu gehörte: auf jeder erdenklichen Plattform die ANC-Bewegung anzugreifen. Es sah aus, als ob die EFF sich nicht verkaufen konnten, ohne die Regierungspartei im selben Atemzug zu beleidigen.

Am Abend des 19. Juni beschloss ich, dass ich es nicht länger mitansehen konnte. Ich liebte die EFF, aber ich war nicht dazu bereit, meine persönlichen Prinzipien wie Respekt und Vernunft zu opfern, nur um es mir mit Genosse Julius und Genosse Floyd nicht zu verscherzen. Ich schickte ihnen beiden eine E-Mail.

Liebe Genossen,

Ich schreibe diese E-Mail, um ein Problem anzusprechen, über das wir uns meines Erachtens dringend unterhalten müssen, da wir für die Kommunikation der Economic Freedom Fighters mit dem Rest der Bewohnerinnen und Bewohner in diesem Land verantwortlich sind.

Es stimmt, dass man in Südafrika keine politische Frage diskutieren kann, ohne die Regierungspartei zu erwähnen, aber dennoch gefällt mir der Ton überhaupt nicht, in dem wir über den ANC sprechen, besonders wenn wir über unsere aktuelle Regierung reden. Ich finde nicht, dass es irgendwie notwendig ist, geschweige denn, dass es zu irgendetwas führt, wenn wir den ANC als »ZANC« bezeichnen oder uns abfällig über die Zulu äußern. Schließlich ist der ANC nicht allein Zumas Organisation. Millionen von Mitgliedern und Unterstützern des ANC kommen aus der Arbeiterklasse, und viele von ihnen stimmen nicht mit dem ANC-Führer und seiner Politik überein. Aber wenn wir in unseren Presseerklärungen Zuma angreifen oder gar beleidigen, erreichen wir damit nichts anderes, als dass der ANC Zuma verteidigt. Das bringt uns doch gar nichts.

Außerdem müsst ihr doch verstehen, dass einige von uns nicht den EFF beigetreten sind, weil wir eine Rechnung mit Zuma offen haben, sondern weil wir wirklich an den Kampf für wirtschaftliche Befreiung glauben. Es ist ungerecht und widerspricht der Gesinnung, dass wir in eure private Fehde mit Zuma hineingezogen werden, denn wir wissen nichts darüber, und wir erachten sie auch nicht als so wichtig wie die Sache, für die wir uns engagieren und wegen deren wir uns den EFF angeschlossen haben. Viele von uns sind keine verbitterten und verärgerten ehemaligen ANC-Mitglieder, also kann man auch nicht erwarten, dass wir froh darüber sind, in Presseerklärungen als solche dargestellt zu werden. Erklärungen, die vernichtende Kritik an der Persönlichkeit dieses Mannes üben. Ebenso glauben wir daran, dass es wichtig ist, junge Leute jeglichen ethnischen Hintergrunds zu mobilisieren. Aber sobald wir Kommentare wie »Ich erwartete von dir nichts anderes, als dass du Zuma verteidigst, weil du Zulu bist« abgeben, dann stoßen wir Zulus vor den Kopf. So werden sie sicher nicht geneigt sein, sich unserer Organisation anzuschließen.

Wir möchten uns von anderen Organisationen unterscheiden, und das tun wir auch. Gerade deshalb sollten wir diese Organisation nicht führen wie eine Karikatur ausgerechnet jener, die mit Beleidigungen um sich werfen, statt politisch zu argumentieren. Wir können also nicht eine Person mit Gift bespritzen, als ob wir der Welt nichts anderes mitteilen wollten als unsere Wut.

Genossen Julius und Floyd, ihr beide müsst verstehen, dass die EFF nicht eure Organisation ist. Sie existiert nicht für eure persönlichen Zwecke. Sie ist eine Organisation, die für uns junge Leute existiert, die wir den gegenwärtigen Zustand satthaben.

Wir haben uns der Organisation nicht angeschlossen, weil wir euch lieben oder weil wir Zuma hassen, sondern weil wir dieses Land lieben und das Beste für es wollen. Ich, Malaika, weigere mich, für persönliche politische Auseinandersetzungen zwischen einzelnen Leuten benutzt zu werden. Ich bin in den EFF, weil ich mich für eine wichtige Sache einsetzen möchte, und das hat überhaupt nichts damit zu tun, sich auf privater Ebene mit Zuma anzulegen.

Ich habe mich dafür gemeldet, die Kommunikationsabteilung der Organisation zu leiten. Aber ich werde es nicht zulassen, dass meine Abteilung sich durch Äußerungen beschmutzt, die aus meiner Sicht beleidigend und unnötig sind. Niemand sollte sie für so etwas missbrauchen, und das schließt auch euch beide mit ein. Ich nehme Politik sehr ernst, und ich bin der Meinung, dass wir uns sachlich mit Problemen auseinandersetzen sollten und nicht so, wie wir es aktuell tun. Das bringt der Jugend nichts. Andernfalls, Genossen, sitzen wir nicht im selben Boot, und einige von uns gehören dann nicht in die EFF.

Grüße,
Malaika Wa Azania

Diese E-Mail läutete das Ende der freundschaftlichen Arbeitsbeziehung zwischen den Genossen und mir ein. Ich hatte natürlich erwartet, dass die beiden verärgert sein würden, schließlich freut sich niemand über Konfrontation, auch wenn sie konstruktiv und nicht bösartig gemeint ist. Ich hatte auch schon von Freunden und Genossen gehört, dass Genosse Julius in solchen Dingen sehr nachtragend war und überhaupt kein Nachsehen mit denjenigen hatte, die es wagten, ihm zu widersprechen. Aber ich glaubte, beide wussten, dass ich das Herz am rechten Fleck hatte und wirklich an die EFF glaubte.

Genosse Floyd antwortete nicht auf die E-Mail, was ich sehr merkwürdig fand, in Anbetracht der Tatsache, dass ich ihm viel näher stand als Genosse Julius und er mich besser verstand. Er hätte wissen sollen – und ich glaube auch, er wusste es –, dass ich nicht in der Lage war, etwas einfach so hinzunehmen, wenn ich es für falsch hielt, sondern dass ich meinem Unmut Luft machen würde, egal, wen es betraf. Aber ich erhielt eine Antwort von Genosse Malema. Die E-Mail war kurz und bündig: »Rede nie mit mir, als ob ich ein Schuljunge wäre ...«

Natürlich regte mich das auf. Was dachte Genosse Julius denn, wer er war, dass er erwartete, von niemandem in der Organisation herausgefordert zu werden? Was dachte er, wer er war, dass er andere Mitglieder zu Untertanen herabsetzte, die nur sprachen, wenn sie angesprochen wurden, und selbst dann nur, um ihm zuzustimmen? Ich hatte mein ganzes Leben damit verbracht, gegenüber arroganten Weißen mein Recht einzufordern, wie ein gleichberechtigter Mensch behandelt zu werden. Ganz sicher würde ich mich nicht von Genosse Julius oder sonst jemandem so herabsetzen lassen. Also schlug ich zurück:

Mit einundzwanzig bin ich natürlich jünger als ihr beide. Mal abgesehen davon, dass ich euch als Politiker respektiere, respektiere ich euch als Ältere. Aber das ist kein Grund, dass du dir das Recht herausnimmst, mich einschüchtern und zum Schweigen bringen zu wollen, indem du behauptest, dass ich respektlos sei oder dich wie einen »Schuljungen« behandle, wenn ich mit dir nicht einer Meinung bin und etwas sachlich kritisiere. Das ist ungerechtfertigt. Ich stimme zu, dass wir uns gegenseitig respektieren müssen. Das sollte ein Prinzip sein, an das sich alle halten, sodass alle gleich behandelt werden, statt dass Ungleichheit herrscht.

Ein paar Tage vergingen, ohne dass ich irgendetwas von den beiden hörte. Ich fühlte mich immer weniger wohl bei den EFF, nicht nur, weil vieles passierte, was mich an der Aufrichtigkeit der Genossen zweifeln ließ, sondern auch, weil ich gezwungen war, Fragen zu beantworten, mit denen ich mich nicht auseinandersetzen wollte. Ich glaubte von ganzem Herzen an die EFF. Ich glaubte daran, dass diese Bewegung das schwarze Volk befreien würde. Ich konnte den Gedanken nicht ertragen, dass die EFF nur eine weitere selbstsüchtige Bewegung sein sollte, die um einen Personenkult herum gegründet worden war und dieser Person helfen sollte, eine offene Rechnung mit euch, dem ANC, zu begleichen.

Ich fuhr damit fort, neue EFF-Mitglieder anzuwerben, bis ich eines Nachmittags, nachdem ich alle meine privaten Termine abgesagt hatte, weil ich mich noch ein wenig meinen organisatorischen Aufgaben widmen wollte – E-Mails und Nachrichten beantworten und festlegen, welche Interviewanfragen von Zeitungen und Zeitschriften die EFF beantworten sollte –, auf keinen meiner Accounts mehr zugreifen konnte: E-Mail, Facebook und Twitter. Ich fragte mich, ob es möglich wäre, dass ich überall das falsche Passwort eingab. Nach mehreren erfolglosen Versuchen war mir klar, dass man die Log-in-Daten geändert hatte. Zu sagen, dass ich geschockt war, wäre untertrieben. Ich konnte nicht verstehen, wie die Genossen zu etwas so Hinterhältigem fähig waren, was sie damit ja nicht nur mir, sondern auch der Organisation antaten. Schließlich war es so, dass es Informationen gab, zu denen allein ich Zugang hatte, zum Beispiel die Spreadsheets mit den Mitgliederinformationen. Es war völlig unsinnig, so etwas zu tun, nur um sich an mir zu rächen oder mich zu ärgern, wo ich doch Informationen hatte, die essenziell für die Organisation waren. Da begriff ich auf einmal, wie eigennützig diese Leute waren – nur um mich zu bestrafen, nahmen sie es in Kauf, eine Organisation zu bestrafen, von der sie behaupteten, dass sie sie liebten. Ich hatte mir niemals irgendwelche Illusionen über meine Wichtigkeit gemacht – ich wusste, dass man mich einfach ersetzen konnte. Aber ich hätte nie gedacht, dass man mich aus der Organisation werfen würde, nur weil ich meine Meinung äußerte, noch dazu über etwas eigentlich Zweitrangiges wie die richtige Mobilisierungsstrategie.

Ich hatte nur zwei Möglichkeiten: Ich konnte mich von den EFF verabschieden und schon wieder mein politisches Zuhause verlieren, oder ich konnte in der Organisation bleiben und versuchen, mich wieder mit meinen Genossen zu versöhnen. Ich fand, ich hatte nur meinen Stolz zu verlieren, wenn ich blieb, und da mein Stolz mir nicht so wichtig war wie die Sache, für die wir uns einsetzten, traf ich die Entscheidung, den Genossen Julius und Floyd die Hand zu reichen, selbst wenn das bedeutete, dass ich mich entschuldigen musste. Am 24. Juni schickte ich ihnen folgende E-Mail – es sollte meine letzte Nachricht an sie sein.

Genossen,

In den letzten Tagen habe ich über den Inhalt der E-Mail von letzter Woche nachgedacht, in der ich euch für ein Verhalten kritisierte, das ich für unangebracht und eigennützig hielt. Ich gebe zu, dass mein Ton zu scharf war und dass ich vielleicht unverschämt rüberkam. Das liegt daran, dass mir die Sache so am Herzen liegt und ich mich wahrscheinlich etwas in Rage geschrieben habe. Ich möchte mich für meinen Ton entschuldigen, denn wenn ich mir die E-Mail jetzt noch mal anschaue, dann muss ich zugeben, dass ich es besser hätte ausdrücken können.

Wieder erhielt ich keine Antwort, und ein paar Tage später reiste ich nach Simbabwe, weil ich zur Wahlbeobachtermission der Entwicklungsgemeinschaft des südlichen Afrika SADC gehörte, die den reibungslosen Ablauf der Wahlen garantieren sollte. In den nächsten sieben Wochen konzentrierte ich mich ganz auf meine Arbeit, gemeinsam mit den anderen beiden Mitgliedern meiner Wahlbeobachtergruppe: einem ehemaligen Polizeibeamten aus Botswana und einem südafrikanischen Parlamentsabgeordneten. Ich war in Harare, als ich im *Herald* las, dass sich die EFF als politische Partei hatte registrieren lassen. Natürlich wusste ich zu diesem Zeitpunkt schon, dass die EFF unweigerlich eine von Hunderten Parteien sein würde, die im Wahlkampf gegen die amtierende Regierungspartei antreten würde. Ich war also nicht überrascht. Aber ich kam dennoch nicht umhin, immer und immer wieder zu denken, dass es besser gewesen wäre, wenn die EFF fürs Erste eine Massenbewegung geblieben wäre. Parteipolitik in unserem Land führt irgendwie immer dazu, dass selbst die nobelsten Vorhaben irgendwann korrumpiert wurden.

Direkt nach meiner Rückkehr aus Simbabwe, im Anschluss an die Wahl, die mir jegliche Energie raubte, musste ich nach Gambia in Westafrika reisen, wo ich vom African Youth Panel als Botschafterin für die Afrikanische Jugendcharta ausgebildet wurde. Kurz darauf wurde ich vom African Youth Panel zur Botschafterin für die SADC-Region ernannt und musste Südafrika wieder für drei Wochen verlassen, um Afrika beim Internationalen Menschenrechtsfestival in Mexiko zu repräsentieren. Im Oktober, als mein Flugzeug nach einem zermürbenden zwölfstündigen Flug von Paris auf dem Tambo International Airport landete, wusste ich, dass ich in ein anderes Südafrika zurückgekehrt war. Das hier war kein Südafrika, in dem sich das Volk hilflos seinem Schicksal hingab. Das hier war ein Land voller Hoffnung und Begeisterung. Überall in den Townships trugen junge Leute die leuchtend roten Baskenmützen mit dem EFF-Logo. In den Bussen, auf den Straßen, in den Gautrain-Zügen, überall wurde von der neuen Partei geredet, die die Geschichte der Unterdrückten umschreiben würde.

Vier Tage später, am 19. Oktober 2013, wurde ich zweiundzwanzig. Ich würde dabei sein, wenn ein neues Kapitel in der Geschichte unseres schönen Landes geschrieben würde. Ich gehörte einer Generation an, die miterleben würde, wie der Unterdrückung unseres Volkes ein Ende gesetzt wird. Wie unser Volk nicht länger in dem falschen Glauben gefangen sein wird, dass es euch vom ANC auf ewig dankbar sein müsse und dass niemand mutig genug sei, sich gegen euch zu stellen. Eines Tages wird es genauer in den Geschichtsbüchern stehen, aber 2013 wird als das Jahr aufgezeichnet werden, in dem ein Ruck durch das besetzte Azania ging und eine Massenbewegung neuer Freiheitskämpfer entstand.

EPILOG DER STIMMZETTEL, DIE STIMME DES VOLKES

Unser Land steht kurz vor einem historischen Moment. In diesem Jahr ist es genau zwei Jahrzehnte her, seit Südafrika 1994 seine ersten demokratischen Wahlen abgehalten hat. In ein paar Wochen werden wir unseren Stimmzettel abgeben und eine neue Regierungspartei wählen, die uns in den nächsten fünf Jahren anführen wird.

Was mir allerdings besonders wichtig ist: Zum allerersten Mal in meinem Leben werde ich wählen gehen. Seit langer Zeit freue ich mich auf diesen Moment, und ich kann den Tag überhaupt nicht abwarten, wenn ich mein Kreuz neben der Partei machen darf, der ich ein kleines bisschen mehr Zuversicht entgegenbringe als den anderen. So wie die Dinge im Moment stehen, bin ich mir noch nicht sicher, welche Partei meine Stimme verdient. Nichts beschäftigt mich momentan so sehr wie die Frage, für wen ich wählen werde. Jeden Tag verbringe ich ein paar Minuten damit, darüber nachzudenken. Sich zu entscheiden, wem man seine Stimme geben möchte, geht weit darüber hinaus, einfach ein Kreuz für die Partei zu machen, die einem sympathisch ist oder für die man sentimentale Gefühle hegt. Es geht um viel mehr als das, zumindest für mich. Wenn man eine Partei wählt, wählt man gleichzeitig auch die Zukunft seines Landes. Man gibt ein paar Individuen die Macht, über das Schicksal von Millionen zu entscheiden, von denen einige zu schwach sind, um für sich selber zu sprechen. Wenn man einer Partei seine Stimme gibt, dann übergibt man ihr die Verantwortung, die Erfolge unseres Freiheitskampfes zu beschützen.

Man sagt: »Steve Biko, Robert Sobukwe, Lilian Ngoyi, Solomon Mahlangu, Khotso Seahlolo und viele andere Söhne und Töchter Afrikas gaben ihr Leben für dieses Land, und ich möchte, dass ihr sicherstellt, dass sie nicht umsonst gestorben sind. Beschützt ihr Erbe, verteidigt ihre Sache.«

So eine wichtige Aufgabe sollte man niemandem anvertrauen, der nicht dazu fähig ist, sie zu bewältigen. Und so habe ich am Ende immer mehr Fragen als Antworten. Aber ich werde mir in den nächsten Wochen weiterhin diese Fragen stellen, und am Tag der Wahlen werde ich hoffentlich in ein Wahllokal gehen und zuversichtlich und überzeugt davon sein, dass ich die richtige Wahl getroffen habe. Ich werde eine Entscheidung treffen, die ich begründen kann und die ich eines Tages auch meinem noch ungeborenen Sohn Mwalimu und meiner Nichte Lalibela als Entscheidung, beruhend auf Prinzipien und Integrität, begründen kann. Es gibt vieles, das ich diesen beiden Kindern, Mwalimu und Lalibela, erzählen möchte. Ich möchte ihnen die Wahrheit darüber erzählen, wie ihr Land entstanden ist. Ich möchte, dass sich die Geschichte zu Wort melden darf. Und das wird sie auch. Eines Tages wird sich die Geschichte zu Wort melden. Und es wird keine Geschichte über Versöhnung und eine »in Freiheit geborene« Generation sein. Keine Geschichte über Demokratie und Gleichheit. Es wird die Geschichte von Familien wie meiner sein, die gekämpft haben und immer noch kämpfen, und von vielen Malaika Wa Azanias: jungen Leuten, die am Anfang einer neuen demokratischen Ordnung geboren wurden, die voller Optimismus der Entstehung einer Regenbogennation entgegengefiebert haben, die es niemals gab. Ich werde die Geschichte von kleinen schwarzen Kindern erzählen, deren Menschlichkeit durch die Brutalität des Lebens in den Townships zerstört wird. Ich werde davon berichten, was es wirklich heißt, im demokratischen Südafrika schwarz zu sein: dass Armut, Entbehrung und Hunger immer noch ein schwarzes Gesicht haben. Die Geschichte wird anklagen, dass Demokratie nur ein leeres Wort ist, wenn Millionen von Schwarzen hungern, arbeitslos und ohne Land sind. Aber vor allem wird die Geschichte von euch erzählen, von eurer Entstehungsgeschichte, vom Erlöser bis hin zum Albatros, der auf euren Schultern liegt.

Ich kann einfach nur hoffen, dass mein Sohn, mein geliebter Mwalimu, und meine wunderschöne Nichte, Lalibela, dass die beiden, wenn dieser Tag kommt, keine eigenen schmerzhaften Erfahrungen zu erzählen haben. Ich hoffe, dass sie zu einer Generation von schwarzen südafrikanischen Kindern gehören, die, in jedem Sinne des Wortes, frei geboren werden.

A luta continua – der Kampf geht weiter!

Glossar

Afrikaaner: Weißafrikaner, auch Buren genannt. So werden seit Ende des 18. Jahrhunderts die Afrikaans sprechenden, ursprünglich aus Europa stammenden Einwohner und Einwohnerinnen Südafrikas und Namibias bezeichnet.

Afrikanischer Nationalkongress, ANC (African National Congress): Gegründet 1912, war die Partei von 1960 bis 1990 per Gesetz als »unrechtmäßig« eingestuft und somit illegal, hatte aber dennoch großen Einfluss auf die Anti-Apartheid-Bewegung in Südafrika. Seit 1994 stellt der ANC die Regierung. Bis 1997 war Nelson Mandela Staatschef und Vorsitzender des ANC.

ANC-Jugendliga, ANCYL (ANC Youth League): Jugendorganisation des Afrikanischen Nationalkongresses, 1944 von Nelson Mandela, Walter Sisulu, Oliver Tambo und anderen gegründet.

Azanian People's Liberation Army, APLA: Der Pan Africanist Congress (PAC) unter Robert Sobukwe spaltete sich 1959 vom ANC ab. Als nach dem Sharpeville-Massaker neben dem ANC auch der PAC verboten wurde, wurde der bewaffnete Arm in Gestalt der Volksbefreiungsarmee APLA gegründet.

Afrikanische Renaissance: Begriff, der in den 1990er-Jahren vom damaligen Präsidenten Südafrikas Thabo Mbeki geprägt wurde. Damit ist eine kulturelle und ökonomische Wiedergeburt gemeint, die nicht Sklaverei und Kolonialismus, sondern die spirituelle und kulturelle Entwicklung der afrikanischen Völker ins Zentrum der Argumentation stellt: Afrika solle sein Schicksal selber in die Hand nehmen und nicht die Verantwortung dafür abschieben. Im Namen der Afrikanischen Renaissance verpflichteten sich die afrikanischen Staatsoberhäupter zu interkontinentaler Kooperation, zu demokratischer Regierungsführung und zum Kampf gegen Korruption.

African Youth Panel: Nichtregierungsorganisation, die eine Plattform für Jugendliche aus verschiedenen afrikanischen Ländern bietet. Im Vordergrund stehen kultureller Austausch und die Organisation von gemeinnützigen Initiativen.

Bathi: Ein beliebtes Ballspiel mit Dosen.

Black-Consciousness-Bewegung: Bewegung, die das Ziel verfolgt, schwarzen Südafrikanern zu einem neuen Selbstwertgefühl und Selbstbewusstsein zu verhelfen. Entstand aus der christlichen Studentenbewegung heraus. Zu den Gründern gehören Barney Pityana und Steve Biko. Ein Arm der Bewegung war SASO, die South African Students' Organisation. Als Graswurzelbewegung engagierte sie sich vor allem in den Townships, zum Beispiel durch Erwachsenenbildungsprogramme. 1976 unterstützte die Black-Consciousness-Bewegung den Schüler- und Studentenaufstand in Soweto. Steve Biko wurde 1977 inhaftiert und starb wenig später infolge von Misshandlungen im Gefängnis. Siebzehn Organisationen, die zur Bewegung gehörten, wurden verboten.

Congress of South African Students, COSAS: Der Kongress der südafrikanischen Schüler ist eine Schülerorganisation, die sich seit 1979 in der Anti-Apartheid-Bewegung engagiert hat. In den 1980er-Jahren organisierte COSAS beispielsweise Schulboykotte.

Demokratische Bewegung (Mass Democratic Movement): Ab 1988 ein loser Zusammenschluss von Organisationen mit dem gemeinsamen Ziel des Kampfs gegen die Apartheid, darunter die UDF sowie der damals noch verbotene ANC. Sammelbecken auch für weitere Organisationen der Black-Consciousness-Bewegung.

Diketo: Ein Spiel mit kleinen Steinen, ähnlich wie Murmeln.

Economic Freedom Fighters, EFF: Panafrikanische und linksradikale Partei, die 2013 von Julius Malema, dem ehemaligen Vorsitzenden der ANC-Jugendliga, gegründet wurde. Setzt sich insbesondere für die Enteignung von Großgrundbesitzern und die Verstaatlichung von Bergwerksgesellschaften ein.

Imbizu: Versammlung (Zulu für »zusammenkommen«).

Minitaxi: In Südafrika gibt es das öffentliche Verkehrssystem, zu dem auch die Putco-Busse gehören. Zusätzlich gibt es aber auch noch günstigere Sammeltaxis, Minibusse, die keinen geregelten Fahrplan, aber Fahrstrecken haben. Diese Minitaxis kann man anhalten; es gibt aber auch Haltestellen.

Model-C-Schulen: Während der Apartheid waren diese halbprivaten Schulen den Weißen vorbehalten. Nach Ende der Apartheid waren an diesen Schulen (nun auch »rassenintegrierte« Schulen genannt) auch Schwarze zugelassen.

Muti: Traditionelle Zulu-Heilmethode, ausgeübt durch Sangoma genannte Heiler und Heilerinnen. Dabei werden hauptsächlich Mixturen aus Kräutern und tierischen Substanzen verwendet. Muti ist in den letzten Jahren in Verruf geraten, weil zunehmend Fälle von Ritualmorden bekannt wurden. Auch Beschneidung ist eine Muti-Praxis.

Umkhonto we Sizwe, MK: Zulu für »Speer der Nation«. MK war der bewaffnete Arm des ANC, der von Nelson Mandela nach dem Sharpeville-Massaker mitbegründet würde.

Nationale Partei (National Party, NP): Regierungspartei von 1948 bis 1994, gegründet 1915 im Zuge der Unabhängigkeitsbestrebungen der Buren und englischsprachigen Weißen vom britischen Empire. Letzter Staatspräsident der NP von 1989 bis 1994 war Frederik Willem de Klerk.

Panafrikanismus: Bewegung, die das Ziel verfolgt, dass sich alle Afrikaner als Einheit sehen, unabhängig von Ethnie und Nationalität. Die panafrikanische Bewegung setzt sich insbesondere für innerkontinentale Kooperation und gegen Stammesdenken ein.

Pan Africanist Congress of Azania, PAC: Der Panafrikanistische Kongress wurde 1959 gegründet, nachdem einige ANC-Mitglieder die Politik des Afrikanischen Nationalkongresses für nicht radikal genug hielten. Sein Führer Robert Sobukwe wurde infolge des Sharpeville-Massakers festgenommen, der PAC verboten. Daraufhin wurde der bewaffnete Arm APLA gegründet. 1990 wurden sowohl PAC wie auch ANC wieder als Parteien zugelassen. Allerdings konnte der PAC seither in den demokratischen Wahlen nur wenig Stimmen holen.

Reconstruction and Development Programme, RDP: Programm der ANC-Regierung mit dem Ziel der Armutsbekämpfung, das 1994 erstmals implementiert wurde. Maßnahmen waren in erster Linie die Einführung von Sozialhilfe und der Bau von Sozialwohnungen für bedürftige Township-Bewohner.

Sangoma: Siehe Muti.

Southern African Development Community, SADC: Die Entwicklungsgemeinschaft des südlichen Afrika verfolgt die wirtschaftliche und politische Integration und Kooperation der Staaten im südlichen Afrika.

South African Students Congress, SASCO: Antikapitalistische südafrikanische Studentenvereinigung. Setzt sich für die Gleichstellung aller Studenten ein, unabhängig von Geschlecht, Rasse und Klasse, sowie für ein demokratisches Mitspracherecht aller Studenten an Universitäten.

Sharpeville-Massaker: Am 21. März 1960 wurden bei einer Demonstration in der Township Sharpeville 69 Demonstranten erschossen und viele weitere verwundet. Der ANC hatte zu einer Protestaktion gegen die Passgesetze des Apartheidregimes aufgerufen. Der PAC, der sich kurz zuvor vom ANC abgespalten hatte, wollte eine radikalere Aktion und organisierte die Demonstration, an der die schwarzen Südafrikaner ohne Pass teilnehmen sollten, um sich inhaftieren zu lassen. Infolge des Sharpeville-Massakers kam es zu Ausschreitungen im ganzen Land, bis die südafrikanische Regierung am 30. März 1960 schließlich den Ausnahmezustand ausrief. PAC, ANC sowie andere Anti-Apartheid-Organisationen wurden verboten und viele Aktivisten inhaftiert.

United Democratic Front, UDF: Gegründet 1983, war die Vereinigte Demokratische Front während der 1980er-Jahre, als der ANC verboten war, die wichtigste Oppositions- und Anti-Apartheids-Partei. Bekanntestes Mitglied ist der Erzbischof von Südafrika und Friedensnobelpreisträger Desmond Tutu.

Dank

Als Allererstes möchte mich bei meinen Eltern Dipuo »Stalin« Mahlatsi and Mike »Gaddafi« Maile für die Liebe und Unterstützung bedanken, die ihr mir mitgegeben habt auf meinen Weg, mich selbst zu finden.

Meine Schwestern Phindile Kunene, Tshepiso Mahlatsi, Thabile Maile, Mpho Mahlatsi, Lebogang Thokoane, Nkhensani Kubayi, Sarah Britten, Amanda Mbali Dlamini und Mamello Ntombela, euch danke ich dafür, dass ihr an mich geglaubt habt, als ich schon nicht mehr an mich selber glauben konnte.

Meine großen Brüder, Sthembiso Khanyile, Sandile »Saider« Puti, Sibusiso Maneli, David Maimela, Tembile Yako, Mojalefa Motalane, Magasela Mzobe, Mzwandile Masina, Bomi »Bomza« Mafanya and Ukho Botshiwe – danke für die Liebe und Güte und für euren unerschütterlichen Glauben an meine Fähigkeiten.

Mein Dank gilt auch meinem Team unfreiwilliger Mentoren: Miranda Strydom, Mukoni Ratshitanga, Mary Metcalfe, Sello Pietersen, Phillip Kganyago, Lumka Oliphant, Nomfanelo Kota und Shane Maja. Ich danke euch dafür, dass ihr nie die Geduld mit mir verloren habt.

Ganz besonders möchte ich mich bei meiner Lektorin Natalie Gillman-Biljon und meinem Verleger Thabiso Mahlape bedanken, die unermüdlich daran gearbeitet haben, meiner Stimme Kohärenz zu verschaffen.

Doch mein größter Dank gilt euch, liebe Leser, dafür, dass ihr meine Geschichte für wichtig genug haltet, sie zu lesen.